교과서에 나오는
역사 인물 사전

교과서에 나오는
역사 인물 사전

글 전윤호 | 그림 유남영
펴낸이 최승구 | 편집인 박숙정
펴낸곳 세종주니어

출판등록	1992년 3월 4일 제4-172호
주소	서울시 광진구 천호대로 132길 15 3층
전화	영업 (02)778-4179, 편집 (02)775-7011
팩스	(02)776-4013
홈페이지	www.sejongbooks.co.kr
블로그	sejongbook.blog.me
페이스북	www.facebook.com/sejongbooks
원고모집	sejong.edit@gmail.com

초판 1쇄 인쇄 2016년 6월 13일
    1쇄 발행 2016년 6월 24일

ISBN 978-89-8407-906-9 73900

ⓒ 전윤호, 유남영 2016

이 도서의 국립중앙도서관 출판시도서목록(CIP)은 서지정보유통지원시스템
홈페이지(http://seoji.nl.go.kr)와 국가자료공동목록시스템(http://www.nl.go.kr/kolisnet)에서
이용하실 수 있습니다.(CIP제어번호: CIP2016014164)

• 잘못 만들어진 책은 바꾸어드립니다.
• 값은 뒤표지에 있습니다.

교과서에 나오는
역사 인물 사전

글 전윤호 | 그림 유남영

세종주니어

머리말

역사는 사람이 만들어 갑니다

　역사는 인류가 지구에서 살아온 기록입니다. 그러니 당연히 사람이 중심이 되겠지요. 수많은 사람들이 긴 세월 동안 이 땅에서 활약하면서 우리의 역사를 이룩했습니다. 이러한 사람들의 모습을 살펴보면 우리 역사를 좀 더 쉽게 알 수 있습니다.

　한 사람의 평생에 대해 말하는 것은 어려운 일입니다. 왜냐하면 그 사람이 잘한 일도 있고 그렇지 못한 일도 있기 때문입니다. 그리고 자료가 전해지지 않아서 확실하게 알 수 없는 사람도 있고, 일부러 그 사람을 악당으로 만들기 위해 나쁜 이야기만을 전하는 경우도 있습니다. 어떤 생각으로 보느냐에 따라 한 사람이 위인이 되기도 하고 악당이 되기도 합니다.

　광해군은 나쁜 임금이라 하여 왕의 자리에서 쫓겨났지만 정치적으로는 나라를 잘 다스리고, 명나라와 청나라 사이에서 외교를 잘해 조선을 보호하려 한 임금입니다. 광해군의 뒤를 이어 왕이 된 인조는 수도를 몇 번이나 버리고 도망치다가 결국 청나라의 황제에게 무릎을 꿇고 항복을 하는 비극의 주인공이 되기도 했습니다.

   흥선 대원군은 세도 정치를 끝내고 왕권을 강화했지만 쇄국 정책을 펴서 발전하는 서양의 문명을 받아들이지 못하는 잘못을 저질렀습니다.

   우리가 이렇게 예전 사람들의 모습을 다시 읽는 것은 과거로부터 오늘을 지혜롭게 사는 방법을 알기 위해서입니다. 이 책에서는 인물에 대해 기록이 전하는 것을 존중하여 최대한 객관적으로 묘사하려고 했습니다.

   즐겁게 읽고 또 다른 역사 인물로 자라나길 빕니다.

2016년 6월 전윤호

차례

머리말 4

고조선~발해 8

단군 | 유화부인 | 주몽 | 유리왕 | 해명태자 | 을파소 | 소수림왕 | 광개토왕 | 장수왕 | 영양왕 | 보장왕 | 을지문덕 | 연개소문 | 고선지 | 소서노 | 고이왕 | 근초고왕 | 성왕 | 무왕 | 의자왕 | 계백 | 흑치상지 | 김수로 | 박혁거세 | 석탈해 | 김알지 | 지증왕 | 진흥왕 | 이차돈 | 거칠부 | 선덕여왕 | 김춘추 | 김유신 | 김인문 | 자장 | 문무왕 | 원효 | 강수 | 의상 | 혜초 | 장보고 | 최치원 | 경순왕 | 견훤 | 궁예 | 대조영

고려 56

왕건 | 광종 | 쌍기 | 서희 | 강감찬 | 성종 | 천추태후 | 최충 | 현종 | 문종 | 의천 | 이자겸 | 묘청 | 김부식 | 이규보 | 일연 | 이승휴 | 안향 | 이제현 | 문익점 | 공민왕 | 신돈 | 최영 | 정도전 | 정몽주 | 최무선 | 조준

조선 초기 86
이성계 | 이종무 | 황희 | 이방원 | 세종 | 김종서 | 장영실 | 한명회 | 세조 | 성삼문 | 서거정 | 김시습 | 성종

조선 중기 104
유자광 | 연산군 | 조광조 | 중종 | 윤원형 | 이황 | 신사임당 | 휴정 | 이이 | 정철 | 김천일 | 권율 | 허준 | 원균 | 류성룡 | 조헌 | 이순신 | 유정 | 이원익 | 선조 | 곽재우 | 김시민 | 논개 | 이항복 | 허균 | 광해군 | 윤선도 | 임경업 | 인조 | 소현세자 | 효종

조선 후기~광복 138
숙종 | 정선 | 영조 | 이익 | 사도세자 | 혜경궁 홍씨 | 정조 | 김홍도 | 박지원 | 박제가 | 정약용 | 김정희 | 김정호 | 흥선 대원군 | 김대건 | 최제우 | 김홍집 | 김옥균 | 명성황후 | 고종 | 전봉준 | 지석영 | 이완용 | 손병희 | 박영효 | 서재필 | 홍범도 | 주시경 | 김구 | 안창호 | 한용운 | 안중근 | 김좌진 | 이광수 | 전형필 | 윤봉길

찾아보기 178

- 서기전 2333년 단군왕검, 고조선 건국
- 서기전 108년 고조선 멸망
- 서기전 57년 박혁거세, 사로국(신라) 건국
- 서기전 37년 주몽, 고구려 건국
- 서기전 18년 온조, 백제 건국
- 503년 신라로 국호 정함
- 527년 신라 이차돈 순교, 불교 공인
- 598년 고구려 영양왕, 수와의 싸움에서 승리
- 612년 고구려, 살수대첩
- 645년 고구려, 안시성 싸움 승리

고조선~발해

- **서기전 3년** 고구려 유리왕, 도읍을 국내성으로 옮김
- **42년** 김수로, 가야 건국
- **371년** 백제 근초고왕, 고구려 평양성 공격
- **391년** 고구려 광개토왕 즉위
- **433년** 나제 동맹
- **475년** 고구려 장수왕, 한강 유역 차지
- **660년** 백제 멸망
- **668년** 고구려 멸망
- **676년** 신라, 삼국 통일
- **698년** 대조영, 발해 건국
- **828년** 장보고, 청해진 설치
- **900년** 견훤, 후백제 건국
- **901년** 궁예, 후고구려 건국
- **926년** 발해 멸망

단군(?~?)

"우리 민족의 시조로 고조선을 건국했어요."

단군은 우리 민족의 첫 번째 나라인 고조선을 건국했다. 고조선은 후에 이성계가 세운 조선과 이름이 같기 때문에 서로 구별하기 위해서 예전에 있었던 조선이라는 뜻으로 조선 앞에 옛 고(古) 자를 붙여 고조선이라 부른다.

어느 민족이나 자신들만의 건국 신화가 있는데, 《삼국유사》를 비롯해서 많은 역사서에 기록되어 있는 우리의 건국 신화는 다음과 같다.

옛날에 세상을 다스리는 환인이란 신이 있었는데, 환인에게는 환웅이라는 아들이 있었다. 환웅은 하늘에 있으면서도 인간 세상에 관심이 많았다. 인간들이 미개해서 고생하며 사는 것을 안타깝게 생각하던 환웅은 아버지의 허락을 받고 인간 세상으로 내려가게 되었다.

환웅은 그를 따르는 무리 3,000명을 이끌고 태백산 꼭대기 신단수 밑으로 내려와 그곳을 신의 도시란 뜻인 '신시'라 부르고 세상을 다스렸다. 이때 곰 한 마리와 호랑이 한 마리가 사람이 되기를 원했다. 환웅은 쑥 한 타래와 마늘 20개를 주면서 "이것만 먹고 100일 동안 햇빛을 보지 않으면 사람이 될 것이다."라고 했다.

하지만 호랑이는 견디지 못하고 달아났고, 100일을 묵묵히 견뎌 낸 곰은 여자로 변했다. 여자가 된 곰, 웅녀는 신단수에서 아기를 가지게 해 달라고 빌었고, 사람으로 변한 환웅과 결혼하여 아들을 낳았으니 그가 바로 우리 민족의 시조인 단군이다.

단군은 '단군왕검'이라고도 부르는데, 단군은 제사장이란 뜻이고 왕검은 정치의 우두머리란 뜻이다. 이를 통해 당시 왕이 종교와 정치를 모두 이끌었던 우두머리였음을 알 수 있다. 그리고 단군 신화를 통해 스스로를 하늘의 자손이라 여기는 무리가 곰을 조상신으로 섬기는 부족과 결합하여 호랑이를 섬기는 부족을 물리쳤다는 의미로 해석할 수 있다.

유화부인(?~?)

"고구려를 건국한 주몽의 어머니예요."

강의 신인 하백의 딸로, '유화'라는 이름은 강가에 자라는 버드나무 꽃을 뜻한다. 하늘의 신인 해모수가 땅으로 내려왔다가 강에서 놀고 있던 유화를 만났다. 둘은 결혼을 했지만 해모수는 하늘로 돌아가고 말았다. 하백은 부모의 허락도 받지 않고 결혼한 딸을 내쫓았다. 그런데 부여의 왕인 금와왕이 유화에게 반해 그녀를 부여의 왕궁으로 데려갔다. 왕궁에 살던 유화는 내리쬐는 햇빛을 받고 잉태하여 알을 낳았다. 사람이 알을 낳자 모두들 불길하다 하여 알을 마구간에 버렸는데 말들이 그 알을 조심스럽게 보호해서 결국 알을 깨고 아기가 태어났다. 그가 바로 고구려를 세운 주몽이다.

주몽 (서기전 58 ~ 서기전 19년)

"유화부인의 아들로 부여에서 나와 고구려를 건국했어요."

주몽은 '활을 잘 쏘는 사람'이라는 뜻이다. 유화부인의 아들로 부여 금와왕의 보살핌을 받으며 자랐다. 금와왕에게는 일곱 명의 왕자가 있었는데, 왕자들은 뛰어난 재주를 가진 주몽을 없애기 위해 시기와 모함을 일삼았다. 어느 날 일곱 왕자들이 자신을 죽이러 온다는 소식을 들은 주몽은 오이, 마리, 협보 등의 부하들과 함께 말을 타고 남쪽으로 도망쳤다. 한참을 도망치다가 커다란 강에 이르렀는데 건너갈 배가 없었다. 뒤에서는 부여의 군사가 쫓아오고 있어 위태로운 순간이었다. 그때 주몽이 하늘을 쳐다보며 기도를 했다.

"나는 천제의 손자요, 하백의 외손입니다. 지금 난을 피해 여기 이르렀으니 저를 불쌍히 여겨 구해주십시오."

그러자 물고기와 자라가 나타나 다리를 만들어 주어 주몽과 부하들이 무사히 강을 건널 수 있었다. 이렇게 부여에서 탈출한 주몽이 오늘날 중국의 랴오닝성 지역에 세운 나라가 고구려이다. 고구려는 이렇게 작은 나라로 시작했지만 주변의 나라들을 합치면서 큰 나라로 발전했다.

주몽은 이미 부여에서 결혼한 부인과 아들이 있었지만 자신의 힘을 키우기 위해 졸본의 공주인 소서노와 결혼하여 비류와 온조 두 아들을 낳았다. 그러나 고구려의 왕위는 후에 부여에서 아버지를 찾아온 유리에게 물려주었고, 비류와 온조는 어머니인 소서노와 함께 고구려를 떠나 백제를 건국했다.

유리왕(? ~ 18년)

 "고구려의 2대 왕으로 황조가를 지었어요."

주몽이 부여를 탈출하기 전에 예씨라는 여인과 결혼하여 낳은 아들이다. 예씨부인은 아버지에 대해 묻는 아이에게 아버지는 고구려의 왕이며, 아버지가 남긴 신표를 찾아 만나러 가면 된다고 일러 주었다. 유리는 소나무로 만든 정자의 기둥 밑에서 아버지가 남긴 칼 조각을 찾아 고구려로 갔다. 당시 주몽은 소서노와 결혼하여 비류와 온조라는 왕자가 있었지만 유리를 태자로 삼았다.

이에 반발한 소서노는 자신을 따르는 백성들과 아들들을 거느리고 남으로 내려가 백제를 건국했다. 유리는 주몽의 뒤를 이어 고구려의 2대 왕이 되었다. 서기전 17년에 계비인 화희에게 모욕을 당하고 왕궁을 떠난 계비 치희를 그리워하며 황조가를 지었는데, 이는 우리나라 최초의 서정시로 평가된다.

유리왕은 서기전 9년에 선비족을 쳐서 항복을 받았고, 그후 도읍을 국내성으로 옮긴 뒤 위나암성을 쌓았다. 중국의 왕망이 흉노와 전쟁을 하기 위해 고구려에 군대를 요구했으나 거절하고 오히려 한을 공격했다. 13년에는 부여가 쳐들어왔으나 물리쳤고 이듬해에는 한의 고구려현을 빼앗았다.

유리왕은 왕자 도절이 죽은 뒤 왕자 해명을 태자로 삼았으나 해명이 외국과 분쟁을 일으키자 자살하게 했다. 그 후 왕자 무휼이 유리왕의 뒤를 이어 대무신왕이 되었다.

해명태자(서기전12~9년)

"유리왕의 아들인데 왕의 명령으로 자살했다고 해요."

　유리왕의 아들로 유리왕이 국내성으로 도읍을 옮겼을 때 졸본부에 남아 있었다고 한다. 이웃의 황룡국 왕은 해명이 용감하다는 말을 듣고 이를 시험하기 위해 강한 활을 보냈다. 이에 해명은 황룡국 왕이 고구려를 업신여길까봐 사신 앞에서 활을 꺾어 버렸다. 유리왕은 해명이 외교적인 실례를 범했다 하여 그를 황룡국으로 보내 죽이라고 했다. 하지만 황룡국에서 해명을 죽이지 않고 돌려보내자 유리왕은 해명에게 자살하라고 명했다. 신하들이 말렸지만 왕의 명을 어길 수는 없다 하여 땅에 창을 꽂고 말을 달려 그 창에 찔려 죽었다고 한다. 외교적으로 나라를 다스리려고 한 왕과 무력으로 지키려 한 태자가 충돌한 사건이었다.

을파소(?~203년)

 "진대법을 실시한 고구려의 재상이에요."

　고국천왕이 국정을 맡길 인재를 찾자 신하인 안류가 을파소를 추천했다고 한다. 당시 을파소는 농사를 지으며 초야에 묻혀 살고 있었다. 고국천왕은 을파소에게 높은 벼슬을 주면서 나라를 위해 일해 달라고 요청했다. 을파소는 자신이 생각하는 정치를 하기 위해서는 더 높은 벼슬을 원한다며 이를 거절하자 고국천왕은 그를 나라의 재상으로 임명했다. 귀족들이 그를 시기했지만 고국천왕은 을파소에게 복종하지 않는 자는 모두 죽이겠다고 했다.

　을파소는 194년 매년 3월에서 7월까지 백성들의 형편에 따라 나라의 곡식을 빌려 주고 추수가 끝난 10월에 갚게 하는 진대법을 실시했다. 이후 고국천왕에서 산상왕까지 고구려의 재상으로 있으면서 왕권을 확립하는 데 큰 공을 세웠다.

소수림왕(?~384년)

"불교를 받아들이고 고구려 발전의 기틀을 마련했어요."

　소수림왕은 고구려의 17대 왕으로 아버지인 고국원왕이 백제 근초고왕과의 평양성 전투에서 전사하자 그 뒤를 이어 왕이 되었다. 고구려가 한반도 남쪽으로 내려오기 시작하면서 이미 남쪽에 자리 잡고 있던 백제와 부딪히게 되었다. 이에 백제의 근초고왕이 3만 명의 군사로 평양성을 공격하여 고구려의 고국원왕을 전사하게 만든 것이다.

　이런 위급한 순간에 왕이 된 소수림왕은 나라를 재정비해야 했다. 불교를 받아들인 것도 종교를 통해 혼란한 나라를 하나로 통합하기 위해서였다. 372년 중국 전진의 승려 순도가 불상과 경전을 가지고 왔으며, 374년에는 아도가 들어와 불교를 전래했다. 소수림왕은 초문사와 이불란사란 절을 만들어 그들을 머물게 했다.

　또한 372년에 유교의 교육기관인 태학을 설치해 유학을 가르쳤고, 다음해에는 율령을 반포했다. 이는 왕을 중심으로 나라를 다스리는 체제가 만들어졌음을 보여준다. 밖으로는 중국 북부 지방에 자리 잡고 있던 전진과 친하게 지내며 북쪽의 위험을 막았고, 백제·거란과는 계속 전쟁을 치렀으나 승리하지 못했다. 후에 광개토왕이 고구려를 전성기로 이끌 수 있는 기반을 닦은 왕으로 평가된다.

광개토왕(374~412년)

 "고구려의 정복왕으로 고구려의 영토를 넓혔어요."

'광개토'라는 말은 나라의 땅을 크게 넓혔다는 뜻으로, 광개토왕은 우리 역사상 가장 위대한 정복 군주로 통한다. 우리 역사에서 대부분의 왕들은 있는 땅을 지키기 위해 외적과 싸웠지만, 광개토왕은 다른 나라와의 전쟁을 통해 영토를 넓혔다.

384년, 소수림왕이 아들을 남기지 못하고 죽자 소수림왕의 동생인 고국양왕이 왕이 되었다. 그의 아들 담덕이 2년 뒤 태자가 되었고, 392년 고국양왕이 죽자 뒤를 이어서 18세의 나이로 고구려의 새로운 왕이 되었는데, 그가 바로 광개토왕이다.

광개토왕은 즉위하자마자 백제를 공격했다. 광개토왕은 직접 군사 4만 명을 거느리고 남쪽으로 내려가 한강 이북의 영토를 되찾았다. 그해 9월에는 거란을 공격해서 거란에 끌려갔던 고구려 백성들을 되찾아 왔고, 10월에는 백제의 요새인 관미성을 20일간의 전투 끝에 빼앗았다. 그 후에도 백제는 광개토왕에게 계속 패했고, 결국 백제 아신왕이 항복을 했다.

광개토왕 6년에는 후연의 요동성을 차지하고, 요동을 고구려의 땅으로 만들었다. 그곳은 원래 고조선의 땅으로 700년 만에 되찾은 것이다. 또한 백제가 왜와 연합하여 신라를 공격하자 신라가 고구려에 구원병을 요청했는데, 이때 5만 명의 군사를 보내 백제와 왜의 연합군을 물리쳤다.

이후 광개토왕은 64개의 성과 1,400촌락을 정복하면서 고구려의 영역을 크게 넓혔다. 이러한 광개토왕의 업적은 광개토왕릉비에 자세히 전해진다.

장수왕(394~491년)

"광개토왕의 아들로 고구려의 전성기를 이룩했어요."

장수왕은 413년 광개토왕이 죽자 뒤를 이어 왕이 되었다. 왕으로만 79년을 지냈기 때문에 장수왕이라 부른다. 아버지인 광개토왕이 이룩한 업적을 바탕으로 중국과의 외교는 물론 고구려의 영토를 가장 크게 넓혔다. 당시 고구려는 북으로 부여성, 남으로는 남한강 유역, 서로는 요하, 동으로는 훈춘에 이르는 광대한 영토를 차지하게 되었다.

427년에 수도를 평양으로 옮겼는데, 이는 당시 남아 있던 귀족들이 세력을 눌러 5부족의 힘을 약화시키고 왕권을 강화하는 데 효과를 거두었다. 밖으로는 중국의 동진, 북위 등과 친하게 지내 전쟁을 막았고, 남쪽의 신라와 백제를 공격했다. 이에 신라와 백제가 서로 손을 잡고 고구려에 대항했지만, 475년에 장수왕이 직접 군사 3만 명을 거느리고 백제를 공격해 당시 백제의 수도였던 한성을 함락시키고 개로왕을 죽였다. 결국 백제는 공주로 수도를 옮기고 남쪽으로 쫓겨 가야 했다. 광개토왕과 그의 아들인 장수왕의 시대를 고구려의 전성기라고 부른다.

영양왕(?~618년)

 "고구려에 네 차례나 쳐들어온 수를 모두 물리쳤어요."

고구려 평원왕의 맏아들로 왕이 된 후 600년에 태학박사 이문진을 시켜 고구려의 역사서인 《신집》 5권을 만들게 했다. 《신집》은 이미 고구려에 있었던 역사서인 《유기》 100권을 정리한 것으로 아쉽게도 오늘날까지 전해지지는 않는다.

역사서를 만들었다는 것은 그 나라가 평화롭고 안정된 시기라는 의미도 된다. 그러므로 영양왕은 당시 강력한 지도력을 지닌 왕이었다고 볼 수 있다. 군사적으로도 강한 힘을 과시해서 당시 중국을 통일했던 수에 밀리지 않았는데, 수로서는 북방 지역의 안정을 위협하는 고구려가 늘 눈엣가시였다.

수 문제가 고구려에 복종할 것을 요구하자 영양왕은 598년 말갈 기병을 이끌고 수의 요서 지방을 먼저 공격했다. 이에 수가 대군을 보내 공격하면서 고구려와 수의 전쟁이 시작되었다. 수 문제는 30만 대군을 동원했지만 장마에 질병까지 돌아 제대로 싸워 보지도 못하고 후퇴했다. 수 문제의 뒤를 이어 황제가 된 양제가 612년 다시 113만이 넘는 대군을 이끌고 고구려를 공격했다. 고구려군은 육지와 바다에서 수군을 잘 막았고, 결국 을지문덕이 살수에서 수의 별동대 30만 대군을 전멸시켰다.

보장왕(?~668년)

"고구려의 마지막 왕이에요."

보장왕은 영류왕의 조카로, 정변을 일으킨 연개소문이 영류왕을 죽이고 내세운 허수아비 왕이었다. 왕위에 있는 동안 모든 실권은 연개소문이 가지고 있었는데, 당시 고구려에 성행했던 불교를 누르기 위해 643년 당에서 도교를 들여온 것도 연개소문의 뜻이었다. 이렇게 고구려의 중심에 있던 연개소문이 병으로 죽자 그 아들들의 싸움으로 고구려는 혼란에 빠졌고 결국 668년 멸망하고 말았다.

당은 보장왕에게 벼슬을 주어 고구려의 유민들을 진정시키려 했지만, 보장왕은 요동으로 고구려 유민들을 데리고 돌아와 고구려 부흥 운동을 펼쳤다. 결국 이 사실이 당에 알려져 보장왕은 사천성으로 유배되었고, 682년 사망했다.

을지문덕(?~?)

 "수 양제의 대군을 살수에서 물리쳤어요."

을지문덕은 언제 태어나서 언제 죽었는지 기록에 남아 있지 않다. 다만 《삼국사기》 열전에 두 번째로 등장하는 인물로, 고구려 영양왕 때 수와의 전쟁에서 고구려를 승리로 이끈 최고의 전쟁 영웅으로 기억되고 있다.

612년 수 양제가 직접 고구려를 침략했을 당시 수의 군사는 인류 역사상 가장 많은 수인 113만 명이 넘었다고 한다. 대군을 동원한 수로서는 군사들이 먹을 양식과 물자를 공급하기가 어려워 시간이 지날수록 전세가 불리해졌다. 그래서 전술을 바꿔 별동대 30만 명을 고구려의 수도인 평양성으로 보내 공격하게 했다. 하지만 고구려 왕의 사신으로 가장해 항복을 논의한다며 수의 군대로 들어갔던 을지문덕은 수 군이 식량이 부족하다는 걸 눈치챘다. 그래서 주변의 식량을 모두 없애는 청야전술을 펴고, 군사를 보내 싸우는 척하면서 달아나 적을 지치게 만들었다. 결국 수의 별동대는 평양성 부근까지 왔지만 굶주리고 지쳐 싸울 힘이 없었다.

이때 을지문덕은 수 장수 우중문에게 시를 보냈다.

그대의 신통한 계책은 하늘의 뜻을 알고
묘한 꾀는 땅의 이치를 아는 구나
싸움마다 이겨 공이 이미 높으니
그만 돌아가는 게 어떨까

수는 함정에 빠진 것을 알고 후퇴하기 시작했지만, 살수를 건널 때 을지문덕의 공격으로 전멸하다시피 했다. 이를 살수 대첩이라고 한다.

연개소문(?~665년)

 "고구려의 대신으로 영류왕을 죽이고 권력을 차지했어요."

연개소문은 원래 귀족 집안 출신으로 할아버지도 아버지도 모두 고구려의 높은 벼슬인 막리지를 지냈다. 아버지가 죽고 아들인 연개소문이 벼슬을 이어 받으려 하자 연개소문의 힘이 강해지는 것을 두려워했던 귀족들은 그의 성질이 거칠다는 이유를 내세워 반대했다고 한다.

영류왕 25년, 당의 침입에 대비하기 위해 천리장성을 건축하던 연개소문은 왕과 신하들이 연합해 자신을 죽이려 한다는 것을 알고 먼저 귀족들을 급습하여 죽였다. 그리고 궁궐로 쳐들어가서 영류왕을 살해하고, 왕의 조카를 왕으로 세운 뒤 자신은 대막리지가 되었다.

막리지에 '대'자가 더 붙었으니 이는 최고 높은 지위를 뜻하는 것이다. 정치적·군사적 실권을 장악한 그는 5개의 칼을 차고 다니며, 외출할 때는 의장대를 앞세웠다고 한다.

당시 중국은 수에 반기를 들고 당을 건국하는 데 공을 세운 이세민이 형과 동생을 죽이고 당의 왕이 되었다. 이후 수가 이루지 못한 고구려 정복의 야심을 드러낸 당 태종은 군사를 이끌고 직접 전쟁에 나섰다. 초기에는 당이 고구려 군을 격파하고 요동성을 함락시켜 기세를 올렸지만 양만춘이 지키는 안시성에 막혀 결국 후퇴하고 말았다.

이후에도 당은 계속 군대를 보내 고구려를 공격했는데 연개소문은 이에 굴복하지 않았다. 하지만 잇단 싸움으로 고구려의 국력은 약해졌고, 665년에 연개소문이 병으로 죽자 그의 아들 사이에 불화가 일어나 고구려는 멸망하고 말았다.

고선지(? ~ 755년)

 "고구려 유민으로 당의 장군이 되어 티베트와 싸웠어요."

중국의 기록에 의하면 장군의 아들로 태어난 고선지는 어려서부터 잘생긴 외모 때문에 무장답지 않다며 아버지가 걱정했다고 한다. 하지만 똑똑하고 도량이 넓었으며 용감하여 말 타기와 활쏘기도 잘했다. 아버지를 따라 서쪽 국경으로 간 고선지는 공을 세워 금방 장군이 되었고, 기병 2000여 명을 이끌고 천산산맥 서쪽을 정벌한 공으로 안서부 도호가 되었다가 병마사가 되었다.

747년 토번으로 불리던 티베트가 당을 위협하자 군사 1만 명을 이끌고 파미르 고원을 넘어 티베트와 사라센 제국의 공격을 차단했다. 750년에도 군사를 이끌고 원정하여 사라센 제국과 손을 잡으려는 작은 나라들을 정복했다. 3차 원정에서는 7만의 군대를 이끌고 탈라스에서 서역의 연합군과 싸웠으나 패했다. 이후 안록산의 난을 막기 위해 나섰다가 누명을 쓰고 사형당했다.

서양의 역사학자들은 모두 고선지를 세계에서 가장 우수한 천재적인 전략가로 평가했다. 또한 세계 최초로 섬유질의 제지법이 고선지에 의해 유럽에 전파되었다는 사실은 주목할 만하다. 751년 제2차 탈라스 전투 때 이들에게 잡힌 포로 중에 종이 만드는 장인이 있어 그 기술이 서쪽으로 알려졌던 것이다.

소서노(?~?)

 "주몽의 부인으로 아들인 비류, 온조와 함께 백제를 세웠어요."

　금와왕의 아들들에게 쫓겨 부여를 탈출한 주몽은 졸본으로 왔다. 졸본의 왕은 아들이 없고 딸만 셋이 있었는데, 주몽이 보통 인물이 아님을 알고 둘째 딸 소서노와 결혼을 시켰다. 소서노는 전쟁이 나면 갑옷을 입고 싸움터에 나가는 용맹하고 똑똑한 공주였다. 그런데 한 번 결혼을 했다가 과부가 된 여인이었다. 주몽도 부여에 부인이 있었지만 서로의 미래를 위해 결혼을 했다.

　소시노에게는 비류와 온조 두 아들이 있었고, 사람들은 두 왕자 중 한 명이 왕위를 이을 거라고 생각했다. 하지만 주몽은 부여에 있을 때 낳은 아들인 유리가 찾아오자 유리를 태자로 세웠다. 이에 소서노는 주몽과 헤어져서 두 아들과 함께 새로운 나라를 만들기로 했다. 자신을 따르는 신하들을 이끌고 남쪽으로 내려온 비류는 지금의 인천 지방에 정착 했고, 온조는 하남 위례성에 도읍을 정하고 국호를 십제라고 했다. 하지만 인천의 땅은 습하고 물이 짜 농사가 잘 안 되어 비류는 정착에 실패하고 죽었다. 이후 그를 따르던 사람들이 온조의 위례성에 합쳐진 후 국호를 백제로 고쳤다.

　소서노는 초기 우리 역사에 나오는 인물 중 가장 강한 여성으로 주몽을 왕으로 만들어 고구려를 세우게 했고, 두 아들을 데리고 남하하여 백제를 건국한 여장부였다.

고이왕(?~286년)

 "백제를 고대 국가로 발전시켰어요."

고이왕은 백제 제4대 왕인 개루왕의 둘째 아들로 태어났다. 제6대 구수왕이 죽은 뒤 큰아들인 사반왕이 왕위를 계승했으나 나이가 어려 나랏일을 돌보지 못하자 사반왕을 폐위시키고 왕위에 올랐다.

백제의 8대왕이 된 고이왕은 고대 국가의 기틀을 닦았다. 좌장이란 벼슬을 두어 군사 관련 업무를 보게 해 족장들이 저마다 가지고 있었던 군사들을 약화시켰다. 그리고 대대적인 관직 정비를 통해 중앙집권적인 체제를 마련했는데, 이때의 관등제를 '6좌평·16관등제'라 한다. 또한 나라의 경제력을 강화하기 위해 남쪽 평야 지대의 논을 개간하여 농업 생산력을 늘렸다.

외교에서는 마한의 대표 나라였던 목지국을 눌러 한강 유역을 대표하는 나라가 되었고, 위로는 대방·낙랑군을 공격하여 대방의 태수가 전사하기도 했다. 고이왕은 백제를 삼국 시대의 한 축으로 우뚝 서게 만드는 데 큰 공을 세웠다.

근초고왕(?~375년)

 "백제의 정복 왕으로 백제의 전성기를 이끌었어요."

비류왕의 아들로 346년에 왕이 되었다. 당시 백제는 왕의 힘보다 귀족들의 힘이 강했는데 근초고왕은 이런 귀족들의 힘을 누르고 왕의 권한을 강화했다. 또한 효율적으로 지방을 다스리기 위해 지방을 여러 영역으로 나누어 지방 통치 조직을 만들고 지방관을 파견했는데 이를 '담로제'라고 한다. 왕권을 강화한 근초고왕은 사방으로 영토를 넓혔다. 한반도 남쪽으로는 영산강 유역에 남이 있던 마한을 공격해서 지금의 전라도 지역을 차지했고, 가야에도 압력을 넣어 가야가 백제에 기대게 만들었다. 이렇게 한반도 남쪽을 평정한 근초고왕은 371년 3만 군사를 거느리고 북쪽으로 올라가 고구려의 평양성을 공격했다. 이때 고구려의 고국원왕이 전사했다.

또한 항해 기술을 바탕으로 요하의 서쪽인 요서 지방으로 진출해 백제군을 설치했는데, 백제군은 요동으로 밀고 오는 고구려를 견제했고 상업적으로는 중국과의 무역 기지 역할을 했다. 당시 중국은 혼란한 시기가 계속되어 바다에 대한 영향력을 잃어버렸기 때문에 백제가 일본과 한반도, 중국을 연결하는 해상로를 차지했다.

신라와도 동맹을 맺어 고구려에 대항하고 중국의 동진과도 외교 관계를 수립했다. 특히 일본에 많은 영향을 주었는데, 왕인과 아직기 등을 일본에 보내 《천자문》과 《논어》를 전해 줌으로써 일본에 유학을 가르치기도 했다. 또한 근초고왕은 박사인 고흥에게 명하여 국사책인 《서기》를 편찬하게 했는데 지금은 전해지지 않는다. 하지만 국사책을 만들었다는 것은 백제가 고대 국가로 발전한 나라라는 것을 증명한다.

성왕(? ~ 554년)

 "도읍을 부여로 옮기고, 국호를 남부여로 바꿨어요."

　무녕왕의 아들로 523년에 백제의 제26대 왕이 되었다. 이후 성왕은 큰 뜻을 품고 도읍을 공주에서 부여로 옮기고 나라 이름을 '남부여'로 고쳤다. 중국 양과의 교류를 통해 발달된 기술과 문화를 받아들였고, 16관등제라는 관직 체계를 완성했다. 지방 통치 체제는 담로제를 개편하여 군과 현을 두는 군현제를 만들었는데, 이는 지방 세력을 약화시키고 왕권을 강화하는 역할을 했다.

　다시 힘을 기른 성왕은 신라와 동맹을 맺고 고구려와의 전쟁에 나섰는데, 목표는 고구려에 빼앗겼던 한강 유역을 되찾는 것이었다. 연합군은 고구려 군에게 승리했고, 백제는 한강 하류의 6개 군을 차지하고 신라는 상류의 10개 군을 차지했다. 그런데 553년 신라 진흥왕이 백제를 배신하고 군사를 돌려 백제가 차지한 한강 유역을 빼앗았다. 배신을 당한 성왕은 554년에 가야군까지 동원해서 신라를 공격했지만 지금의 옥천에서 기습을 당해 전사하고 말았다. 이후 백제와 신라는 원수지간이 되었고 백제는 더 이상 강한 나라로 발전할 기회를 잃었다.

무왕(?~641년)

 "백제 후기 혼란한 나라를 안정시킨 왕이에요."

무왕의 어렸을 때 이름은 서동이었다. 왕이 되기 전 가난하게 살았던 서동은 마를 캐서 팔았다. 어느 날 신라 진평왕의 딸인 선화공주가 미인이라는 소문을 듣고 서동과 선화공주가 밤마다 몰래 만난다는 노래를 퍼트려 선화공주를 아내로 삼았다.

성왕이 신라와의 전투에서 전사한 뒤 백제는 혼란에 빠졌다. 왕권도 약화되어 귀족들의 권위가 강해졌는데, 이때 흔들리던 백제를 안정시킨 왕이 무왕이다.

무왕은 무려 41년간이나 왕위에 있으면서 많은 일을 했다. 624년에는 신라의 수비를 뚫고 소백산맥을 넘어 함양을 점령했다. 신라와 백제 사이에 있던 소백산맥은 신라가 백제의 공격을 막아 내는 천연의 요새였기 때문에 소백산맥을 넘은 것은 신라의 배후가 뚫린 것이나 마찬가지였다. 무왕은 진주 일대를 점령하고 낙동강까지 세력을 넓혔다.

나라가 안정되자 무왕은 사비궁을 짓고 왕흥사란 큰 절을 지었다. 그리고 익산에 왕궁과 미륵사란 거대한 절을 세웠는데, 이는 익산으로 수도를 옮겨 귀족들을 견제하고 왕권을 강화하려는 의도가 있었던 것으로 보인다.

의자왕(?~660년)

 "백제의 마지막 왕이에요."

의자왕은 무왕의 아들로 641년 무왕이 죽자 왕이 되었다. 무왕이 오랫동안 왕위에 있었기 때문에 의자왕은 중년의 나이에 왕이 되었을 것으로 보인다. 의자왕은 즉위한 지 일 년 만에 왕족과 외가의 귀족들 40여 명을 섬으로 귀양 보냈는데, 이는 왕권을 위협하는 세력을 제거하기 위해서였다.

의자왕은 고구려와 친하게 지내면서 북쪽의 국경을 안정시켰고, 642년에는 직접 신라를 공격해 40여 개의 성을 빼앗았다. 이후 신라의 중요한 군사기지로 경주를 지키는 위치에 있었던 대야성마저 함락시켰다. 백제가 신라의 수도인 경주를 공격할 수 있는 길이 열린 것이다. 이후 655년에는 고구려·말갈과 연합해 신라를 공격하여 30여 개의 성을 빼앗았다. 그리고 이 무렵부터 의자왕은 향락에 빠져 사치스럽게 생활하기 시작했다고 기록되어 있다.

당은 북쪽을 통한 고구려 공격이 실패하자 고구려를 지원하던 백제에게 화살을 돌렸다. 660년 당의 13만 대군이 백제에 쳐들어왔고, 이어 김유신이 이끄는 신라군도 진격해 들어왔다. 의자왕은 계백을 보내 신라군을 막으려 했으나 실패했고, 자신은 웅진성으로 들어가 저항했지만 사비성과 웅진성이 모두 함락되어 결국 당에 항복했다. 의자왕은 만여 명이 넘는 백성들과 함께 당에 끌려갔다가 병으로 죽었다.

계백(?~660년)

 "백제의 장군으로 황산벌 전투에서 목숨을 잃었어요."

젊은 시절 신라를 공격해서 많은 성을 빼앗았던 의자왕은 나이가 들면서 정치를 소홀히 하기 시작했다. 이에 신라는 당과 손을 잡고 백제를 공격했다. 660년, 당은 수군으로 쳐들어오고, 신라의 김유신은 5만의 군사를 동원해 육상으로 공격했다. 의자왕은 군대를 동원해 당의 수군을 막고, 당시 가장 용맹한 장수였던 계백에게 신라를 막게 했다.

나라가 멸망하면 모두 노예가 될 뿐이라고 생각한 계백은 자신의 가족들을 모두 죽인 다음, 5000명의 결사대를 이끌고 백제의 운명을 걸고 싸우기 위해 나섰다. 백제군은 신라군을 맞아 황산벌에서 최후의 결전을 벌였다. 이때 백제가 네 번 싸워 네 번 모두 신라에 이기자 신라군의 사기가 꺾였다. 이에 어린 화랑 반굴과 관창이 목숨을 바쳐 백제군으로 진격하자 사기가 오른 신라군이 다시 공격하여 백제군을 무찔렀다. 계백은 무너져 가는 나라를 위해 목숨을 바쳐 싸운 사람으로 훗날 높이 평가되었다.

흑치상지(? ~ 689년)

 "백제 사람으로 당에서 장군이 되었어요."

흑치상지는 무왕 때 백제에서 태어났으며, 어릴 때부터 재주와 기질이 뛰어난 사람이었다고 한다. 이후 장군이 된 흑치상지는 660년 사비성이 함락되어 백제가 멸망하자 나당 연합군에게 항복했다. 하지만 당의 군대가 함부로 백성들을 약탈하자 반란을 일으켜 임존성(지금의 충남 대흥)에서 백제 부흥 운동을 일으켰다.

3만 명으로 늘어난 백제군은 소정방의 군대를 물리치고 200여 개의 성을 되찾아 기세를 올렸다. 하지만 내부의 분열로 당의 공격을 막지 못하고 결국 항복했다. 항복한 후 백제의 왕자인 부여 융과 함께 당으로 들어갔는데, 당에서 티베트와 돌궐을 치는 데 공을 세워 양주자사가 되었고 연국공이란 작위도 받았다. 측천무후 때 반란을 일으키려 한다는 모함을 받아 자결했는데, 후에 큰아들 흑치준의 노력으로 혐의가 풀려 다시 연국공이 되었다.

김수로(?~199년)

 "가야의 시조예요."

삼한 중 변한의 아홉 명의 촌장들이 신성한 날에 모여 사람들과 함께 잔치를 벌이는데 구지봉에서 말소리가 들렸다.

"여기에 누가 있느냐?"

"우리가 있소."

촌장들이 대답했다.

"내가 있는 곳이 어디냐?"

"구지봉이요."

촌장들이 다시 대답했다.

"하늘이 나에게 명하기를 이곳에 와서 나라를 새로 세워 임금이 되라 하였기에 여기에 내려왔다. 그러니 너희들은 산봉우리를 파서 흙을 모으면서 '거북아 거북아 머리를 내어놓아라. 만일 내어놓지 않으면 구워 먹으리라.' 라고 노래하면서 춤을 추어라. 그러면 왕을 만나게 될 것이다."

촌장들이 기뻐하며 그대로 따르니 하늘에서 자주색 줄이 내려오고 그곳에 붉은 보자기에 싸인 금빛 상자가 있었다. 상자를 열어 보니 여섯 개의 알이 있었는데, 12일이 지난 후에 차례로 알에서 사내아이들이 나왔다. 사람들은 절을 하고 그중 제일 먼저 깨어난 아이를 왕으로 추대했는데 이름을 수로라 했다.

왕이 된 수로는 궁궐을 짓고 정사를 돌보았는데, 어느 날 홀연히 인도 아유타국의 공주 허황옥을 실은 배가 바다에 나타났다. 그녀의 아버지와 어머니가 꿈에 신의 명을 받았는데 공주를 수로에게 보내라는 계시였다고 한다. 이에 수로왕은 많은 신하들을 보내어 극진히 맞이하여 허황옥을 왕후로 삼았다.

박혁거세 (서기전 69~4년)

 "신라의 시조예요."

한반도 중부 이남에 삼한이라는 여러 부족 국가가 있었다. 그중 경상도 쪽에 자리 잡은 진한은 다른 곳에 비해 왕이 없었다. 왕이 없으면 강력한 지도자가 없기 때문에 나라의 발전이 늦어질 수밖에 없었다.

그래서 진한의 여섯 마을 촌장들이 왕을 내려달라고 하늘에 제사를 지내기 위해 높은 곳에 올라갔다. 그런데 남쪽을 보니 나정이라는 우물가에 흰말이 엎드려 울고 있었다. 보통 일이 아니라고 생각한 촌장들이 가까이 다가가자 말은 붉은 알 하나를 두고 하늘로 올라가버렸다.

알을 깨어 보니 잘생긴 남자아이가 나왔다. 목욕을 시켰더니 몸에서 빛이 나고, 새와 짐승이 춤을 추었으며, 땅이 흔들리고 해와 달이 더욱 환하게 빛났다. 그래서 촌장들은 아이의 이름을 세상을 밝힌다는 뜻에서 '혁거세'라 지었고, 박처럼 생긴 알에서 나왔다 하여 성을 박씨라 했다.

진한의 사람들이 혁거세를 왕으로 삼고 부인이 될 여자를 찾았는데, 어느 날 우물가에 닭의 머리를 한 용이 나타나 왼쪽 겨드랑이에서 여자아이를 낳았다. 처음에 여자아이의 입이 닭 부리 같았는데, 목욕을 시켰더니 부리가 곧 떨어져 아름다운 모습이 되었다. 이름은 태어난 우물의 이름을 따서 '알영'이라 불렀다. 알영은 후에 혁거세와 혼인하여 왕후가 되었다.

석탈해(?~80년)

"바다를 건너 신라에 온 첫 번째 석씨 왕이에요."

신라 남해왕 때에 아진포란 항구에 왕에게 해산물을 바치던 노파가 살고 있었다. 어느 날 바다에서 까치들이 떼를 지어 우는 것을 이상하게 여겨 노파가 살펴보았더니 배 한 척이 있었다. 배 안에는 커다란 궤짝이 하나 있었는데 그 안에 잘생긴 사내아이와 여러 보물들, 그리고 하인이 들어 있었다.

노파가 그 아이를 7일 동안 보살펴 주었더니 아이가 "나는 원래 용왕의 아들이다. 그런데 왕비인 어머니가 나를 알로 낳아서 버림을 당했다."라고 말했다.

그 아이는 말을 마치자 지팡이를 끌고 하인 두 명과 함께 토함산에 올라가 돌무덤을 파고 7일 동안 머물렀다. 그런 뒤에 산을 내려와 성 안에서 살 곳을 찾던 중 호공이라는 사람의 집이 마음에 들어 그 집을 빼앗기로 했다. 석탈해는 호공의 집 곁에 남몰래 숫돌과 숯을 묻고서, 이튿날 아침 관가를 찾아가 그 집은 자신의 조상이 대대로 살던 집이었는데 자신이 잠시 집을 비운 사이 호공이 들어와 차지한 것이라고 했다. 석탈해는 자신의 집임을 증명할 증거물로 미리 숨겨둔 숫돌과 숯을 내놓아 집을 빼앗을 수 있었다.

남해왕은 그가 슬기로운 사람이라고 생각하여 그를 첫째 공주와 결혼시켰고, 후에 석탈해는 신라의 임금이 되었다.

김알지(65년~?)

"신라 왕족 김씨의 시조예요."

탈해왕이 도성의 서쪽 숲에서 나는 닭의 울음소리를 들었다. 그래서 신하인 호공을 보내 살펴보았더니 황금빛 상자가 나뭇가지에 걸려 있고 그 안에서 빛이 새어 나왔다. 이상하게 여겨 주변을 살펴보니 흰 닭이 나무 밑에서 울고 있었다. 호공의 보고를 받고 예삿일이 아니라고 생각한 탈해왕이 직접 가서 상자를 열어 보았는데, 그 속에서 잘생긴 사내아이가 나왔다.

탈해왕은 매우 상서로운 조짐이라고 생각해서 상자가 나온 숲을 닭이 운 숲이라 하여 '계림'이라고 불렀다. 사내아이는 탈해왕이 길렀는데, 금으로 된 상자에서 나왔다고 해서 성을 김씨로 하고, 영특하다고 해서 이름을 '알지'라고 불렀다. 알지의 후손들은 이후 번성하여 7대 손이 신라의 왕이 되었고, 이후에는 계속 김씨가 신라의 왕이 되었다. 김알지는 경주 김씨의 시조가 되었다.

지증왕(437~514년)

"국호를 신라라 하고, 왕이라는 호칭을 처음 사용했어요."

소지왕이 후손이 없이 죽자 6촌 동생이었던 지증왕이 왕위를 이었는데, 그때 이미 나이가 64세였다. 하지만 몸이 건장하고 튼튼하여 장수하면서 많은 업적을 쌓아 신라를 강하게 만들었다.

502년 지방에 명을 내려 소를 이용한 농사를 짓도록 했다. 당시 신라는 벼농사가 널리 퍼지고 있던 때여서 소는 농사에 많은 도움이 되었다. 그리고 주인이 죽으면 살아 있는 하인들까지 함께 묻어버리는 순장을 금지했는데, 이는 농업 생산력을 높이는 효과를 가져왔다.

지증왕은 나라 이름을 '신라'로 확정하고 마립간 대신 '왕'이라는 호칭을 사용했다. '신라'라는 이름은 '나날이 새로워지고 사방으로 영토가 뻗어나간다.'는 의미이다. 505년에는 나라를 주, 군, 현으로 나누어 정비했으며, 동해안의 삼척에 실직주를 설치하고 이사부를 군주로 임명했다. 이사부는 지증왕의 명으로 512년 울릉도를 정복했는데, 그때부터 울릉도와 독도가 우리나라의 영토로 기록에 등장했다.

진흥왕(534~576년)

 "신라의 정복 군주로 삼국 통일의 기초를 쌓았어요."

법흥왕이 죽자 법흥왕 동생의 아들인 진흥왕이 왕이 되었다. 하지만 7세의 어린 나이에 왕위에 올라 초기엔 법흥왕 부인이 나라를 대신 다스렸다. 진흥왕은 왕이 된 지 12년이 되던 해부터 스스로 정치를 했는데, 특히 신라의 영토를 넓힌 정복 군주로 명성을 떨쳤다. 거칠부와 이사부가 진흥왕의 유능하고 용감한 장군들이었다.

진흥왕은 554년 백제 성왕을 옥천에서 죽이고 한강 유역을 모두 차지했다. 한강 하류 지역은 기름진 땅과 편리한 교통로를 지니고 있어 문화적으로 앞선 중국과 교류할 수 있는 길을 터 주었다. 이는 신라가 삼국 통일을 할 수 있는 기반을 만들어 주었다. 562년에는 이사부가 대가야를 멸망시키면서 가야를 점령했고, 동해안으로 진격해서 안변까지 영토를 넓혔다.

진흥왕은 자신이 넓힌 땅들을 순찰하며 그곳에 자신이 다녀간 기념으로 비석을 세웠는데, 이를 '진흥왕 순수비'라고 한다. 창녕비, 북한산비, 황초령비, 마운령비 등 모두 4개가 전해지는데, 당시의 삼국 관계와 신라의 정치 · 사회를 알 수 있는 귀중한 자료이다.

545년에는 거칠부로 하여금 신라의 역사책인 《국사》를 편찬하게 했다. 또한 553년에는 황룡사를 지었고, 576년에는 화랑 제도를 만들었다.

이차돈(?~527년)

 "신라에 불교가 공인될 수 있게 했어요."

　어려서부터 바르고 곧은 심성을 갖고 있던 이차돈은 일찍이 불교를 섬기고 있었지만 당시 신라의 국법은 불교를 허용하지 않았다. 하지만 신라 법흥왕은 불교를 일으키고자 하는 마음을 늘 갖고 있었는데 귀족들의 반대로 실행에 옮기지 못하고 있었다. 이때 법흥왕을 보좌하는 일을 맡았던 이차돈이 자신의 목숨을 바쳐 불교를 공인받도록 하겠다고 했다. 그리고 왕명이라고 하며 절을 지었는데, 신하들은 이차돈이 거짓으로 절을 지었다고 고발했고 법흥왕은 이차돈의 목을 베라고 명했다.

　이차돈은 "부처가 만일 신통력이 있다면 죽은 뒤에 반드시 이상한 일이 있을 것이다."라고 했다. 그런데 그의 목을 자르자 머리가 하늘 높이 날아가 경주 북쪽의 산에 떨어졌고, 잘린 목에서는 흰 피가 높이 솟구쳤으며 주위가 어두워지고 하늘에서는 기묘한 꽃들이 내려오며 땅이 크게 흔들렸다. 그러자 그를 죽이라고 했던 귀족들이 모두 두려워하며 이후로는 불법을 받들겠다고 맹세했다. 이로써 신라에 불교가 널리 퍼져나가게 되었다.

　이차돈의 순교를 계기로 법흥왕은 529년 살생을 금지하는 명을 내렸고, 신라 최초의 불교 사찰인 흥륜사를 천경림에 지었다.

거칠부(?~579년)

 "신라의 장군으로 《국사》를 편찬했어요."

거칠부는 신라의 장군이자 재상으로 내물왕의 후손인 왕족이었다. 어려서 승려가 되어 여러 나라를 다녔는데 신라의 첩자로서 활동한 것이 아닌지 의심되기도 한다. 고구려에 들어가 혜량이라는 고승의 설법을 듣고 공부하면서 고구려의 사정을 탐색하기도 했다.

진흥왕 때 고구려를 공격해서 동해 북쪽의 영토를 빼앗았는데, 혜량을 신라로 불러 신라의 불교 총지휘자인 승통이 되게 했다. 당시 고구려는 도교가 성행했기 때문에 상대적으로 불교를 국교로 하는 신라가 불교계의 지지를 받았다고 할 수 있다. 545년에는 진흥왕의 명을 받아 신라의 역사책인 《국사》를 편찬했다.

선덕여왕(?~647년)

 "진평왕의 딸로 신라의 왕이 되었어요."

성골만이 왕이 될 수 있었던 신라의 신분 제도 때문에 아들이 없었던 진평왕은 딸 덕만에게 왕위를 물려주었다. 632년에 왕이 된 선덕여왕은 전국에 관리를 보내 백성을 돌보게 했고, 백성들을 위해 주와 군의 세금을 1년간 면제해 주기도 했다. 백제의 공격으로 나라가 어려워지자 김유신에게 백제의 공격을 막게 하고, 당에 사신을 파견해 구원을 요청했다.

그런데 당이 '주변 나라들이 신라를 쌀보는 것은 여왕이 나라를 다스리기 때문이다.'라고 하자 선덕여왕은 왕의 권위를 세우고 불법으로 나라를 다스리기 위해 당에서 유학을 하고 돌아온 자장에게 도움을 청했다. 이에 자장은 당과 왜를 비롯한 주변의 아홉 나라가 신라를 업신여기지 못하도록 황룡사에 9층 탑을 세울 것을 제안했다. 선덕여왕은 곧바로 진지왕의 아들인 용춘을 책임자로 임명하여 황룡사 9층 목탑을 세웠다.

김춘추(603~661년)

 "당과 연합하여 삼국 통일의 기초를 마련했어요."

어려서부터 영특했던 김춘추는 방탕한 생활로 폐위되었던 진지왕의 손자이며, 어머니는 진평왕의 딸인 천명공주이다. 김춘추는 신라에서 가장 높은 귀족이기는 했지만 진골 출신으로 왕이 되기는 어려운 상황이었다. 선덕여왕의 뒤를 이은 진덕여왕이 후사를 남기지 못하고 죽자 화백회의에서 처음에는 알천을 왕으로 추천했다. 이를 알천 본인이 사양하고 김춘추를 추천하면서 51세의 나이에 왕위에 올랐다. 김춘추가 이렇게 왕이 될 수 있었던 것은 당시 군사권을 장악하고 있었던 김유신의 도움이 컸다.

642년에 합천에 있던 대야성이 백제에게 함락되면서 신라는 백제의 공격에 밀리기 시작했다. 김춘추는 나라를 위기에서 구하기 위해 고구려에 사신으로 갔다. 그런데 왕이 될 수도 있는 일등 귀족이 적국인 고구려에 가는 것은 위험한 일이었다. 김춘추는 고구려와의 협상에 실패하고 갇혀 있다가 겨우 탈출했다.

647년에는 비담의 반란을 진압했는데, 이후 김춘추는 반대파 귀족 30여 명을 숙청하고 권력을 잡았다. 권력을 잡은 김춘추는 646년에 당으로 건너가 적극적인 외교 활동을 벌여 당 태종으로부터 백제 공격을 위한 군사적 지원을 약속 받았다. 김춘추는 이후 신라의 조직과 직제를 당 식으로 바꾸며 자신의 세력을 확실히 했다. 왕이 된 후에는 왕과 대립할 수 있는 유력한 자리인 상대등에 김유신을 임명해서 왕권을 안정시켰다. 그리고 당과 연합해 백제를 멸망시키면서 삼국 통일의 기틀을 마련했다.

김유신(595~673년)

"신라가 삼국을 통일하는 데 큰 공을 세운 장군이에요."

김유신은 금관가야의 왕족 출신인 아버지와 신라의 왕족인 어머니 사이에서 태어났다. 특히 해, 달, 화성, 수성, 목성, 금성, 토성의 정기를 타고 태어나 등에 칠성 무늬가 있다는 이야기가 《삼국유사》에 전해진다.

김유신은 15세에 화랑이 되었고, 34세에 고구려와의 전투에서 공을 세워 이름을 떨쳤다. 김춘추와는 정치적인 목적을 같이한 사이로 두 사람은 신라의 중요한 자리를 맡으며 성장했다. 주로 백제와의 전투에서 공을 세웠으며, 김춘추가 고구려에 사신으로 갔다가 잡혀 있을 때 군대를 움직여 김춘추가 탈출할 수 있도록 도왔다고 한다. 선덕여왕 말년에 귀족인 비담이 반란을 일으켰는데 김유신과 김춘추 등이 이를 진압해서 공신이 되었다. 또한 신라군의 총대장이 되어 백제군의 공격을 막아 냈고, 645년 진덕여왕이 죽자 귀족회의에서 내세운 유력한 후보를 누르고 김춘추가 왕이 되도록 도왔다.

이후 김춘추의 딸과 혼인하여 강력한 귀족이 되었고, 660년 신라 최고의 관직인 상대등이 되어 백제, 고구려와의 싸움에 참가했다. 당과는 언젠가 적이 될 것으로 예측하고 준비했는데, 당에서는 여러 번 그에게 벼슬을 내려 회유하려 했지만 김유신은 그때마다 거절해 신라의 단결을 꾀했다.

김인문(629~694년)

 "신라의 왕자로 당에서 벼슬을 하며 신라를 도왔어요."

어려서부터 학문을 좋아하여 재주가 뛰어났던 김인문은 태종무열왕 김춘추의 둘째 아들이다. 신라가 삼국을 통일하는 데 공을 세웠고, 특히 당과 신라 사이에서 훌륭한 외교관 역할을 했다. 고구려와 백제를 공격하기 위해 당과 친하게 지냈던 신라는 관리를 당으로 보내 당 황제의 곁에서 보좌하게 했다. 이를 숙위라고 하는데, 김인문은 숙위로서 당에 머물며 신라가 백제와 고구려를 공격하는 데 외교력을 발휘했다. 그리고 통일 후에는 신라와 당의 분쟁을 조정하는 데 많은 공을 세웠다.

백제가 멸망할 때 당의 장군으로 싸웠으며 고구려가 멸망할 때는 신라군 사령관으로 신라군을 이끌었다. 백제와 고구려가 멸망한 후 신라와 당이 싸우게 되었을 때 당은 신라왕을 폐위하고 김인문을 신라의 왕으로 삼는다고 할 정도로 김인문을 중하게 여겼다. 결국 신라의 왕이 당에 사죄하고 두 나라는 싸움을 멈췄는데, 김인문의 역할이 큰 영향을 미쳤던 것으로 보인다.

자장(590~658년)

 "신라의 불교 교단을 정비한 승려예요."

　자장은 신라 시대 진골 귀족 출신 승려이다. 부모가 일찍 죽어 세상의 무상함을 느끼고 산으로 들어가 수행을 하다 정식으로 승려가 되었다. 638년에는 당으로 유학을 가서 황실의 환대를 받으며 여러 승려들과 교류했다. 642년 백제의 침공으로 대야성이 함락되는 등 신라가 어려운 처지에 놓이자 선덕여왕은 이를 극복하기 위해 불교로 단결하는 불교치국책을 썼다.
　이 정책에 왕족인 자장이 적임자라 생각한 선덕여왕은 자장을 불러들였는데, 이때 당에서 대장경을 가지고 왔다. 자장은 신라가 부처와 인연이 많은 불국토라 주장하고 신라 왕실이 석가모니의 종족이라는 설을 퍼트렸다. 또한 황룡사에 9층 목탑을 세우고 불교 종단을 정비했다. 이러한 불교치국책은 유교를 신봉하는 김춘추, 김유신과 충돌하여 그들이 정권을 잡은 후에는 오대산에서 말년을 지내다가 타계했다.

문무왕(626~681년)

 "삼국 통일을 이룬 신라의 왕이에요."

아버지는 태종무열왕 김춘추이며 어머니는 김유신의 누이 동생이다. 660년 당이 백제를 공격하자 김유신이 이끄는 신라군도 진격을 개시했다. 이후 백제는 항복했지만 백제의 부흥군이 사방에서 일어났는데, 이때 아버지 태종이 죽어 문무왕이 그 뒤를 이어 왕이 되었다.

백제와 고구려가 멸망한 후 당은 한반도를 직접 지배하기 위해 신라를 노렸지만 문무왕은 백제의 관리들에게 신라의 벼슬을 주고, 고구려의 부흥군과도 손을 잡아 당에 대항했다. 또한 고구려 보장왕의 서자 안승이 부흥 운동을 펴다가 신라로 투항하자 그를 받아들이고 고구려 왕에 봉했다.

670년 신라가 백제의 영토를 빼앗는 과정에 당과 전투가 벌어졌고, 671년에는 신라군이 석성에서 당군 3500여 명을 죽였다. 당과의 전쟁이 절정에 이르렀던 675년에는 당의 설인귀가 참패하고 이근행이 20만 대군으로 공격했으나 신라가 매소성에서 격파했다. 이때 신라군이 노획한 말이 3만 필이었다고 한다. 676년에는 시득이 이끄는 해군이 바다를 통해 공격해 오던 소정방을 물리치고 4000여 명의 당군을 죽였다. 결국 당은 후퇴하고 신라는 원산만과 대동강을 잇는 국경선을 확정했다. 681년 7월 문무왕이 죽자, 죽어서도 용이 되어 나라를 지키겠다는 유언에 따라 화장한 뒤 감포 앞바다에 무덤을 만들었다.

원효(617~686년)

"불교를 일반 백성들에게 널리 퍼트린 신라의 승려예요."

    원효는 15세 무렵에 출가하여 승려가 되었다. 당시 불교는 나라의 보호를 받으며 발전했기 때문에 유명한 승려는 귀족 출신이 많았다. 하지만 원효는 평민 출신으로 34세 때 의상과 함께 당으로 가 유학하려 했지만 요동에서 고구려 군에게 잡혀 돌아왔다. 10년 뒤에 바다를 통해 다시 당으로 가려고 의상과 함께 길을 나섰다가 깨달음을 얻고 스스로 돌아왔다. 하룻밤 잠을 잔 동굴 속에서 해골에 들어 있는 물을 마신 원효는 모든 것은 마음에 달려 있고 진리는 밖에서 찾을 것이 아니라 자기 자신에게서 찾아야 한다는 깨달음을 얻은 것이다.

    태종무열왕의 둘째 딸인 요석 공주와의 사이에 설총을 낳은 뒤 스스로 계율을 어겼다하여 승려가 아닌 보통 사람으로 살았다. 특히 원효는 광대처럼 꾸미고 춤을 추면서 불교의 이치를 노래로 만들어 세상에 알려 부처의 가르침을 보통 사람들도 잘 알 수 있도록 했다. 또한 여러 불교 종파와 학설들의 통합을 위해 노력했던 화쟁 사상으로도 유명하다. 지금까지 전해지고 있는 원효의 많은 저서 중 《금강삼매경》을 쉽게 풀어 쓴 《금강삼매경론》과 《대승기신론소》는 중국에까지 널리 알려질 정도로 유명하다.

강수(?~692년)

 "신라의 학자로 뛰어난 문장가예요."

충주 출신으로 높은 관직에 오를 수 없는 육두품 신분이었다. 어머니가 임신했을 때 꿈에서 머리에 뿔이 난 사람을 보았는데 태어난 아이의 머리 뒤에 높은 뼈가 있었다. 이를 이상히 여긴 아버지가 그를 데리고 현자에게 가 물어보니 뛰어난 인물이 될 것이라고 말해 주었다.

자라면서 스스로 글을 읽을 줄 알게 된 강수에게 아버지가 "불교를 배우겠느냐, 유교를 배우겠느냐?"라고 묻자 강수는 사람의 도에 관한 가르침인 유교를 배우겠다고 했다. 이후 그는 열심히 공부하여 당대의 뛰어난 문장가가 되었다.

자기보다 신분이 낮은 대장장이의 딸과 사귀었는데 부모가 출세에 지장이 있을까 말렸으나 이를 듣지 않고 그 여인을 부인으로 맞았다. 삼국 통일에 큰 공을 세워 사찬의 벼슬을 받고 많은 곡식을 받았지만 훗날 모두 절에 기증했다.

의상(625~702년)

 "화엄경을 중심으로 많은 제자를 길러 내고 사찰을 창건한 승려예요."

어려서 경주 황복사에 출가한 뒤 여덟 살 많은 원효와 친하게 지냈다. 당시 신라의 승려들은 공부를 하기 위해 당으로 가는 것이 유행이었다. 650년 원효와 육로로 당으로 가던 중에 요동에서 고구려군에게 잡혔다. 신라의 첩자로 의심받아 갇혀 있다가 간신히 탈출해서 돌아왔다. 661년에는 바닷길로 당에 가기 위해 원효와 여행을 했는데, 원효는 해골에 담긴 물을 마시고 깨달은 바가 있어 돌아가고 의상만 배를 타고 중국으로 갔다.

의상은 당에서 화엄종의 2대조인 지엄의 제자로 있으면서 화엄종을 공부했다. 그리고 670년 신라로 돌아와 당의 고종이 신라를 공격하려 한다는 것을 알렸다고 한다. 낙산사, 부석사 같은 많은 절들을 창건하고 많은 제자들을 길러 냈다. 원효가 많은 책을 쓰고 거리에서 교화 활동을 한 반면, 의상은 불교 조직의 활성화를 통해 불교 전파와 제자 양성에 주력했다.

혜초(704~787년)

 "신라의 승려로 인도 여행기인 《왕오천축국전》을 남겼어요."

신라의 승려로 중국 광주에서 밀교를 가르치고 있던 인도 승려 금강지의 제자가 되어 밀교를 배웠다. 혜초가 인도 구법 여행을 결심한 것도 금강지의 권유 때문인 것으로 보인다. 혜초는 723년 경에 출발하여 만 4년 동안 여행을 한 것으로 추정되는데 인도와 카슈미르, 아프카니스탄, 중앙아시아까지 돌아보았다. 이때 쓴 여행기가 바로 《왕오천축국전》이다.

지금은 일부분만이 전해지는데 1908년 프랑스의 탐험가였던 펠리오가 돈황 석굴에서 발견했다. 이 책은 8세기의 인도와 중앙아시아의 사정을 알려 주는 유일한 기록이다. 혜초는 신라로 돌아오지 않고 중국에서 활동하다가 중국에서 입적했다.

장보고(?~846년)

"신라의 군인으로 해상 무역으로 크게 성공했어요."

평민이었기 때문에 어린 시절의 기록은 전해지지 않지만, 수영을 잘했고 무술 실력이 뛰어났다고 한다. 친구인 정년과 함께 당으로 건너가 지방절도사의 군대에서 근무했다. 중국의 동해안에는 많은 신라인들이 살고 있었는데, 그들은 중국뿐만 아니라 멀리 아라비아 등에서 오는 국제 상인들과도 거래했다. 이때 장보고는 중국의 군대 조직과 국제 무역에 대해 많은 것을 배웠다고 한다.

당시 바다는 해적들의 천국이었다. 당도 신라도 중앙 권력이 약해져 해적들을 소탕할 힘이 없었다. 해적들은 신라 주민들을 잡아서 중국에 노예로 팔기도 하고 무역선을 공격하기도 했다. 828년 귀국한 장보고는 흥덕왕에게 해적을 소탕할 것을 건의하여 1만여 명의 군대를 조직했다. 남해 항로의 요충지인 완도에 해군 기지인 청해진을 만들고 해적을 소탕한 장보고는 당·신라·일본의 바다 무역로를 독점하여 많은 세력을 쌓았다.

장보고는 왕위에 오른 신무왕이 자신의 딸을 왕비로 삼겠다는 약속을 어기자 반란을 일으켰다고 한다. 이에 염장을 자객으로 보내 장보고를 암살하고 청해진을 없앴다.

최치원(857년~?)

 "신라의 유학자로 당과 신라에서 천재로 이름을 떨쳤어요."

최치원의 집안은 6두품 출신으로 능력이 있어도 고위직에는 오를 수 없었다. 12세에 당으로 유학을 떠난 그는 18세의 나이로 당의 과거에 합격했다. 이후 여러 관직에 있었는데, 당에서 이름이 알려진 것은 황소가 반란을 일으켰을 때였다.

최치원이 황소를 토벌하자는 〈토황소격문〉이란 글을 썼는데 명문장이어서 황소가 이를 읽다가 의자에서 떨어졌다고 한다. 이외에도 수많은 시와 문장들을 써서 중국에서 명성을 떨쳤다. 그의 글들은 후에 신라에서 《계원필경》으로 정리되었다.

885년 신라로 돌아와 벼슬을 했지만 당시 신라는 농민들의 반란이 잇달아 일어나는 혼란한 상황이었다. 10여 년을 지방 관리로 지내다가 894년 진성여왕에게 정치 개혁안인 〈시무책 10조〉를 올렸으나 6두품이라는 신분의 한계와 귀족들의 견제로 뜻을 이룰 수 없었다.

최치원은 이런 현실에 실망하여 40세에 세상을 버리고 숨어 살았다. 경주 남산, 지리산, 가야산 해인사 등에 머물렀는데 언제 죽었는지는 알 수 없다.

경순왕(?~978년)

"신라의 마지막 왕이에요."

경순왕은 927년 백제의 견훤에게 죽은 경애왕에 이어 왕위에 오른 신라의 마지막 왕이다. 신라는 왕건과 친하게 지내며 견훤과 맞섰는데, 이에 견훤이 경주를 공격해서 경애왕을 죽이고 왕의 사촌인 경순왕을 세웠던 것이다.

견훤은 왕건의 군사가 구원하러 오자 물러났으나 이후에도 계속 신라를 공격했다. 당시 신라의 관리와 장군들은 왕건이나 견훤에게로 항복했는데, 930년 안동 전투 이후 왕건이 견훤을 누르자 신라의 많은 지방 관리들이 왕건에게 투항했다.

935년 경순왕은 더 이상 나라를 보전하기가 어렵다고 판단하고 신하들과 투항을 논의했는데, 이때 마의태자는 반대를 했다. 하지만 결국 경순왕은 신하들을 거느리고 금성을 떠나 송악으로 가서 고려에 항복했다. 왕건은 경순왕에게 공주를 시집보내고 벼슬과 녹봉을 주었다.

견훤(867~936년)

 "후백제의 왕이에요."

견훤은 아자개라는 농민 출신 장군의 아들로 알려졌다. 전설에 의하면 영험한 지렁이가 광주 북촌 호족의 딸과 사귀어 견훤을 낳았다고 하는데, 이는 견훤의 모계가 지방 호족이었을 가능성이 있음을 뜻한다.

진성여왕 대에 이르러 정치가 문란해지고 흉년이 들어 백성들이 살기 어려워지자 농민 반란이 사방에서 일어났다. 신라군에서 서남 해안을 지키는 장교로 근무했던 견훤도 이 틈을 타서 군사를 모아 반란을 일으켰다. 892년에 광주를 점령하고 왕이 된 견훤은 900년에 전주를 도읍으로 삼고 후백제 왕이라 칭했으며, 관직과 제도를 정비해 나라의 모습을 갖추었다.

개성의 왕건과는 전국의 패권을 노리는 경쟁자로 계속 대립했는데, 920년에 대야성이 함락되자 신라는 견훤의 공격을 막을 힘이 없어서 왕건에게 도움을 요청했다. 하지만 왕건이 움직이기 전에 견훤이 먼저 군대를 일으켜 927년 경주로 진격해 포석정에서 신라 경애왕을 죽였다. 이후 후백제군이 기세를 올려 승승장구 했으나 929년 안동 전투에서 지면서 왕건의 군대에게 밀리기 시작했다.

그러나 견훤이 몰락한 것은 집안을 제대로 다스리지 못한 원인이 컸다. 견훤은 네 명의 아들 중 특별히 총애했던 4남 금강에게 왕위를 물려주려고 했다. 그러자 세 명의 형들이 반란을 일으켰고, 935년에 맏아들 신검이 견훤을 금산사에 가두고 금강을 죽였다. 금산사에서 달아난 견훤은 왕건에게로 갔고, 왕건은 견훤에게 벼슬을 내리고 양주를 식읍으로 주었다. 이후 왕건에게 신검을 토벌해 달라고 요청하여 결국 후백제를 멸망시켰다.

궁예(?~918년)

 "후고구려의 왕이에요."

궁예는 한쪽 눈이 불구였는데 이는 자신이 신라 왕의 후손이기 때문에 생긴 상처라고 했다. 태어난 아기가 장차 나라에 이롭지 못할 거라는 말을 들은 왕이 아기를 높은 곳에서 떨어뜨려 죽이라고 명했지만, 차마 죽이지 못하고 던져진 아기를 유모가 밑에서 받다가 잘못되어 눈을 다쳤다는 것이다.

궁예는 10세 때 절로 들어가 승려가 되었고, 891년에는 절을 떠나 원주의 유력한 호족인 양길의 부하가 되었다. 894년에 부대를 이끌고 강릉을 점령했는데 이때 수천 명의 군사들을 얻었고 군사들의 추대로 장군이 되었다. 양길의 통제를 받지 않는 독립적인 세력이 된 것이다. 궁예는 스스로를 미륵불이라고 하여 민중이 어려울 때 나타난다는 미륵불 신앙을 자신의 정치적인 목적으로 이용했다. 895년 태백산맥을 넘은 이래 중부 지방과 북쪽으로 세력을 넓히기 시작했는데, 개성의 왕건 가문도 이때 귀순했다. 899년 양길을 물리치고 한강 유역을 지배하면서 901년에 나라를 세우고 후고구려라고 했다.

궁예는 904년에 국호를 마진으로 고치고, 905년에 도읍을 개성에서 철원으로 옮겼으며, 909년에는 왕건을 나주로 파견하여 후백제군을 물리쳤다. 911년에는 국호를 태봉이라고 하고, 미륵불인 자신은 사람들의 마음을 읽을 수 있는 관심법을 쓴다고 하며 반란자들을 찾아내 죽였다. 915년에 부인과 두 아들마저 관심법으로 죽이자 목숨에 위협을 느낀 신하들이 왕건을 추대해 반란을 일으켰다. 잇단 전쟁으로 농민들에게 과도한 세금을 거두어 민심마저 등을 돌렸고 결국 도망을 다니던 궁예는 백성들에게 죽임을 당했다고 한다.

대조영(?~719년)

 "고구려 유민들을 모아 발해를 세웠어요."

668년 당은 고구려를 멸망시키고 고구려 백성 3만여 호를 요하의 서쪽인 영주로 이주시켰다. 3만여 호는 3만여 가족이라는 뜻으로 그중에 대조영의 가족도 있었다. 영주는 중국이 동북방의 이민족을 막아 내는 군사 기지로 돌궐, 거란족 등 여러 부족들이 함께 살았다. 당은 이민족들을 끊임없이 감시하고 괴롭혔는데, 거란족 추장인 이진충이 이런 당의 부당한 대우를 견디다 못해 반란을 일으켰다. 반란은 1년 만에 당군에 의해 진압되었지만 다른 이민족들에게 많은 영향을 끼쳤다.

고구려 유민인 대조영은 아버지 걸걸중상과 말갈족 추장 걸사비우와 함께 당의 영향에서 벗어나 동쪽으로 이동하기 시작했다. 당은 거란족 장군 이해고가 이끄는 군대를 파견해 먼저 말갈을 쳤는데 이때 말갈족의 걸사비우가 전사했다. 대조영은 지도자를 잃은 말갈족도 흡수하여 계속 고구려의 옛 땅으로 이동했다.

이해고의 당군과 대조영의 고구려 유민은 산악 지대인 천문령에서 만나 싸웠는데 결국 대조영의 군대가 당군을 격파했다. 당은 더 이상 추격하지 못했고 대조영은 699년 길림성 동모산에 나라를 세웠다. 처음에는 나라 이름을 진이라고 했으나 후에 당과 사이가 좋아짐에 따라 발해라는 이름으로 고쳤다.

대조영은 돌궐과 친하게 지내면서 당을 견제했고, 당과도 친하게 지내 외교적으로 안정을 이루었다. 이후 발전한 발해는 고구려의 땅을 회복하고 신라와 함께 남북국 시대를 이루었다.

918년
태조 왕건,
고려 건국

936년
태조 왕건,
후삼국 통일

958년
광종,
과거제 실시

993년
거란의 1차 침입,
서희
강동 6주 획득

1010년
거란의
2차 침입

1170년
정중부,
무신 정변

1196년
최충헌,
무신 정권
장악

1231년
몽골 침입

1251년
팔만대장경
완성

고려

- 1019년 거란의 3차 침입, 강감찬 귀주대첩
- 1044년 천리장성 완성
- 1126년 이자겸의 난
- 1135년 묘청, 서경 천도 운동
- 1145년 김부식, 〈삼국사기〉 편찬
- 1270년 무신 정권 끝남, 배중손 삼별초 항쟁
- 1285년 일연, 〈삼국유사〉 지음
- 1363년 문익점, 원에서 목화씨 들여옴
- 1366년 신돈의 개혁 정치
- 1388년 이성계, 위화도 회군
- 1392년 고려 멸망

왕건(877~943년)

 "후삼국 시대를 통일하고 고려를 세웠어요."

궁예가 중부 지방에서 세력을 확장하자 송도 지방의 호족이었던 왕륭의 집안도 궁예의 부하가 되었다. 송도는 중국과의 무역을 통해 번성한 항구로 왕륭은 무역을 통해 성장한 호족이었다. 이때 아버지를 따라 궁예의 부하가 된 왕건은 궁예의 신임을 받아 성장하기 시작했다. 이후 군사를 움직여 충주와 청주 지방을 얻었으며, 903년에는 수군으로 나주 지방을 공격해서 빼앗았다.

왕건은 913년에 시중이 되었는데 궁예가 난폭해지자 918년 신하들과 함께 반란을 일으켜 궁예를 몰아내고 왕이 되었다. 개성으로 수도를 옮기고 나라 이름을 '고려'라 했는데, 고려는 고구려를 계승한다는 의미가 있었다.

초기의 고려는 유력한 호족들의 연합체였다. 그래서 왕건은 왕권을 강화하기 위한 방법으로 호족들과의 결혼을 통해 자기편을 늘려 나갔고, 자신의 밑으로 들어오는 호족에게는 왕씨 성을 주고 우대했다. 935년 신라 경순왕이 투항해 와 신라를 합치고, 936년 후백제를 멸망시켜 후삼국을 통일했다. 이후 북방으로 진출해 청천강 하류에서 영흥만까지 영토를 넓혔고, 발해가 멸망하자 유민들을 받아들였다. 943년 훈요10조를 남겨서 후세 왕들이 교훈으로 삼도록 했다.

광종(925~975년)

"고려 초기 왕권을 확립한 왕이에요."

태조 왕건의 아들로 형인 정종의 선위를 받아 왕위에 올랐다. 왕건이 죽은 뒤에는 왕권을 노리는 세력들로 인해 왕위는 언제나 불안한 자리였다. 광종은 이런 시기에 왕위에 올라 호족들과 신하들을 누르고 강력한 왕권을 행사했다. 956년에 노비안검법을 시행하여 억울하게 노비가 된 사람들을 다시 평민으로 되돌렸는데, 이는 노비를 기반으로 하는 호족들의 힘을 약화시키려는 조치였다. 958년에는 학문 실력으로만 관리를 뽑는 과거제를 시행했다. 과거제는 지금까지 대대로 벼슬을 이어오던 귀족들의 반발을 샀지만 광종은 이를 무시했다. 이렇게 과거를 통해 벼슬에 오른 관리들은 왕에게 충성했고, 광종은 이들을 기반으로 권력 구조를 개편할 수 있었다.

하지만 광종은 왕에게 복종하지 않는 관리나 호족들에게는 모두 벌을 주었고, 왕족들도 의심되는 사람은 모두 죽이거나 귀양을 보내는 등 공포 정치를 펼쳤다. 왕권을 강화하고, 고려 왕조의 기틀을 마련한 광종의 또 다른 모습이다.

쌍기(?~?)

"고려에 과거 제도 실시를 건의했어요."

중국 후주의 관리로 956년 고려에 사신으로 왔다가 병이 나서 고려에 머물게 되었다. 병이 모두 나은 뒤에는 후주의 허락을 받아 광종의 개혁 정치를 도왔다. 광종이 정치에 정통한 그를 기용하여 여러 제도를 시행한 것으로 보인다. 958년에는 과거 제도 실시를 건의하여 쌍기 자신이 그해 시행된 과거의 시험관이 되었다.

그의 아버지 쌍철도 후주의 관리였는데 후에 고려로 들어와 벼슬을 했다.

서희(942~998년)

 "거란의 침입을 외교로 막아 낸 고려의 외교관이에요."

서희는 18세 때 과거에 급제해 벼슬길에 올랐다. 993년 거란의 장수 소손녕이 대군을 이끌고 고려에 침략하여 항복을 요구하는 공문을 보냈을 때 서희는 거란과 협상할 여지가 있다고 생각했다. 거란이 고려를 멸망시킬 목적으로 온 것이라면 공문을 보내고 기다리지는 않았을 것이라고 판단한 것이다.

소손녕은 고려의 대답이 늦어지자 다시 안주를 공격했는데 고려군이 이를 물리쳤다. 고려군이 만만치 않음을 안 소손녕도 함부로 공격하지 못하고 사신을 보내 항복하라고만 했다. 성종은 신하들에게 "누가 거란의 진영으로 가서 말로써 군사를 물리쳐 만세의 공을 세우겠는가?"라고 묻자 신하들 가운데 오로지 서희만 사신으로 가겠다고 나섰다.

결국 소손녕과 서희는 담판을 위해 마주앉았다. 먼저 소손녕이 서희에게 고려는 신라의 옛 땅에 세워졌고, 고구려는 요가 차지했는데 어찌 고려가 그 땅에 침범을 했는지 따졌다. 그리고 요로 사신을 보내 당장 통상을 하라고 했다. 이에 서희는 원래 고려는 고구려의 후손으로 요의 수도도 고구려의 땅이니 원칙대로 하자면 고려에 돌려주어야 한다고 주장했다. 그리고 요와 고려 사이에 여진족이 가로막고 있어 사신을 보내기 어려우니 여진족을 물리치고 국경을 마주보게 되면 서로 외교를 할 수 있을 것이라 했다.

소손녕이 서희의 말을 요 황제에게 전하니 요에서도 더 이상 싸우지 말고 돌아오라고 했다. 소손녕은 서희에게 선물로 낙타 10마리, 말 100필, 양 1000두와 비단 500필을 주었다. 이후 고려는 군사를 움직여 평안도의 여진족을 몰아내고 성을 쌓아 영토를 평안북도까지 확장했다. 서희는 외교로 거란의 대군을 물리치고 여진족이 차지하고 있던 땅까지 빼앗는 성과를 올렸다.

강감찬(948~1031년)

 "고려 초 거란군을 물리친 장군이에요."

　강감찬은 키가 작고 얼굴이 못생겼으며 의복은 더럽고 해어져서 보통 사람과 다를 바가 없었다. 그러나 나라에 큰 일이 생길 때마다 중요한 정책을 결정짓는 기둥 역할을 했다. 1010년 거란이 40만 대군을 이끌고 공격해 오자 신하들은 항복할 것을 주장했으나 강감찬은 이를 반대하고 왕을 피신시킨 뒤 하공진을 시켜 협상을 해 거란을 물러가게 했다.

　1018년에는 거란의 소배압이 10만 대군으로 침입해 오자 이듬해 상원수가 되어 20만 대군을 이끌고 싸워 크게 무찔렀다. 지금의 평안북도 의주인 흥화진에 기병을 매복시키고 소가죽을 모아 냇물을 막고 기다렸다가 거란군이 나타나자 물로 공격한 뒤 복병을 돌격시켰다. 거란군은 큰 피해를 입고 돌아갔으며, 이후에도 크고 작은 전투가 계속 벌어졌는데 그때마다 고려군이 거란군을 물리쳤다. 이듬해 귀주에서도 거란군을 전멸시켰는데 살아 돌아간 군사가 수천 명에 불과했고, 노획한 말과 무기는 수를 헤아릴 수 없을 정도로 많았다고 한다.

　84세로 생을 마감하자 왕은 조회를 3일 동안 중지하고 모든 신하들이 강감찬의 장례에 참석할 수 있도록 했다.

성종(960~997년)

 "유교를 받아들여 고려의 기틀을 세운 왕이에요."

고려 제5대 왕 경종은 세상을 떠날 무렵 당시 너무 어렸던 아들 대신 사촌인 성종에게 왕위를 물려주었다. 어려서부터 유학에 밝고 훌륭한 인품을 가지고 있었던 성종은 유교를 정치 이념으로 내세웠다. 그래서 즉위한 뒤 관리들에게 시무에 관한 상소를 올리라고 명했고, 이에 최승로가 정책을 건의하는 시무 28조를 올렸다. 성종은 이를 받아들여 새로운 정책을 시행하면서 고려의 개혁을 꾀했다.

성종은 지방에 12목을 설치하고 지방관을 파견했다. 후에는 경학박사와 의학박사를 12목에 파견하여 지방 교육과 복지에도 힘썼다. 그동안 호족들이 차지하고 있던 지방관들도 이후 개편되었으며, 12절도사로 지방의 군도 통제하여 왕 중심의 조직 개편을 이루었다. 조정의 조직도 중국식 제도인 3성 6부로 바꾸어 고려 제도의 기본이 되었다.

숭유억불 정책을 펼쳤던 성종은 유교를 장려하기 위해 불교의 행사인 팔관회와 연등회를 폐지하기도 했다.

천추태후(964~1029년)

 "고려 초기 여러 왕들 사이에서 권력을 휘두른 여걸이에요."

왕건의 아들인 왕욱의 딸로 고려 6대 왕 성종의 누이이다. 황주의 유력한 호족인 황보 씨의 후원을 받았는데 황보 씨는 외척으로 막강한 힘을 가지고 있었다. 사촌인 경종과 혼인하여 아들을 두었지만, 경종이 6년 만에 죽자 친오빠인 왕치가 경종의 뒤를 이어 성종이 되었다. 성종은 지방 호족을 관리로 만드는 등 개혁 정책을 실시했는데, 이 무렵 천추태후는 외가의 친척인 김치양과 정을 통했다. 이 사실이 알려지자 성종은 김치양을 멀리 귀양 보냈다.

997년 성종이 죽자 천추태후의 아들이 왕위를 이었고, 천추태후가 섭정을 하며 실권을 행사했다. 황보 씨의 본거지인 평양을 중시하고 북진 정책을 추진했으며 번성하는 유교에 맞서 불교적인 전통을 지키려고 노력했다.

귀양 갔던 김치양을 불러 벼슬을 주었고, 김치양과의 사이에서 낳은 아들에게 목종의 뒤를 이어 왕위를 계승시키려 하자 국경을 지키던 장군 강조가 군사를 동원해 개경으로 들어왔다. 강조는 김치양이 난을 일으키려 한다며 김치양과 아들을 죽이고 목종을 폐위시켰다. 천추태후는 귀양을 가고 강조는 새로운 왕을 추대했는데, 그가 현종이다. 귀양을 갔던 천추태후는 현종 20년 궁으로 돌아와 죽었다.

최충(984~1068년)

"고려 초기의 유학자이자 대신으로 많은 제자를 길러 냈어요."

어려서부터 학문을 좋아하고 글짓기를 잘했던 최충은 20세의 나이에 문과에 장원급제해 벼슬을 시작했다. 현종·덕종·정종·문종에 이르기까지 네 명의 왕을 섬겼던 최충은 재상이 되자 법률관을 동원하여 기존의 율령을 개정하고 형법을 정비하는 작업에 참여하는 등 제도 정비를 위해 많은 노력을 했다. 또한 태조에서 목종에 이르는 일곱 왕의 실록을 편찬하기도 했다. 정종 때에는 과거를 주관하는 지공거가 되었고, 문종 때는 시중이 되었다. 70세가 된 최충은 문종의 만류에도 불구하고 벼슬에서 물러나 후진 양성에 힘썼다.

당시 개경에는 사학 십이도라는 개인 교육기관들이 있었는데, 최충이 학당을 연다고 하자 수많은 학도들이 몰려들었다. 하지만 송악산 아래 자하동에 처음 만들었던 학당에는 이들을 모두 수용하기 어려워 새로이 9재학당을 만들었다. 이곳에서 최충의 가르침을 받은 제자들이 과거 시험에 가장 많이 합격했다고 한다. 고려사에서는 최충을 수많은 인재를 길러 낸 공자에 비유해서 '해동공자'라고 칭했다.

현종(992~1031년)

 "군현제를 실시해 고려의 기틀을 닦은 왕이에요."

태조 왕건의 손자로 승려였는데, 강조의 정변으로 목종이 폐위된 뒤 왕위에 올랐다. 현종은 군현제를 실시하였고, 각 행정 단위마다 관리들의 복장과 근무 수칙들을 정함으로써 중앙의 통제가 지방까지 이르게 했다.

대외적으로는 거란과의 전쟁을 승리로 이끌었다. 거란은 1차 침입 이후 강조가 왕을 폐위시킨 것을 문제 삼아 다시 쳐들어왔다. 강조는 거란군에게 잡혔고 도읍인 개경은 함락되었으며 왕은 나주로 피란을 가게 되었다. 이 전쟁은 현종이 거란에 직접 들어가 황제를 만나기로 하고 끝났다.

하지만 현종은 거란으로 가지 않았고 거란은 다시 3차 침입을 했다. 하지만 이미 대비를 하고 있었던 고려군은 거란에 맞서 싸웠다. 결국 강감찬의 귀주대첩으로 거란은 대패하고 물러갔다. 이후 거란과는 평화적인 관계를 유지했으며 더 이상의 침입은 없었다. 특히 이때 부처의 힘으로 외적을 물리치기 위해 대장경을 만들기도 했다.

문종(1019~1083년)

 "고려의 황금기를 이끈 왕이에요."

문종은 현종과 원혜왕후 김씨의 셋째 아들로 형인 정종에게 아들이 있었지만 형제상속으로 왕위를 이어받았다. 문종은 왕위에 오르자마자 최충에게 율령을 정리하게 하여 고려의 여러 법을 만드는 기반을 마련했다. 특히 형법을 정비해 죄수를 심문할 때에는 반드시 3인 이상의 법관이 함께 심문하게 했다.

또한 토지 제도를 정비해 농지에 등급을 매겨 세금을 부과했고, 토지의 면적을 재는 기준을 정했다. 전시과를 확정해 양반들의 보수를 정했고, 관리들에게 녹봉을 주었다. 문종은 여진의 침입을 여러 번 받았지만 이를 모두 격퇴했고, 이후 여진이 토산품을 바쳤다.

문종은 왕자 후를 출가시켜 승려가 되게 했는데, 그가 곧 대각국사 의천이다. 불교뿐만 아니라 유학도 장려하여 최충의 9재를 비롯한 12도의 사학을 발전시켰다. 이처럼 문종이 다스렸던 시기를 고려의 황금기라고 한다. 불교·유교를 비롯해서 문화에 이르기까지 발전할 수 있었던 것은 신라와 송의 문화를 받아들이면서 창조적인 고려 문화를 형성했기 때문이다.

의천(1055~1101년)

 "천태종을 개창한 고려의 고승이에요."

문종의 아들로 1065년 11세의 나이로 개성 영통사에서 출가했다. 의천은 공부에 몰두해 불교뿐만 아니라 유학에도 능통했다고 한다. 1067년 승려의 최고 직인 승통이 되었고 1085년 송으로 유학을 떠났다. 의천은 송의 여러 절을 다니면서 고승들을 만나 불교에 대한 공부를 계속했다. 마침 중국은 불교가 탄압받던 시기여서 각지의 승려들이 의천을 찾아와 잃어버린 경전을 되찾고 활발한 연구를 했다. 1086년 고려에서 귀국하라는 연락을 받은 의천은 고려로 돌아와 개성 흥왕사 주지가 되었다. 1091년 흥왕사에 교장도감을 설치하고, 송과 요, 일본 등에서 수집한 불교 경전을 목판으로 간행했는데, 이것을 '고려속장경'이라고 한다.

또한 1095년 숙종에게 화폐 사용을 건의하여 1097년에는 해동통보가 만들어지기도 했다. 1097년 국청사가 완공되자, 천태종을 강의하며 해동천태종의 시조가 되었다. 의천은 교종과 선종으로 대립하는 불교를 천태종으로 화해시키려 했다. 이때 많은 고려의 승려들이 천태종에 속하게 되었는데, 참선을 중시하는 승려들은 이를 거부하고 자기들을 조계종이라고 부르기 시작했다. 죽은 뒤 붙여진 시호가 대각국사여서 대각국사 의천으로 불린다.

이자겸(?~1126년)

 "고려의 왕권을 위협한 대표적인 간신이에요."

이자겸의 집안은 경원 이씨로 여러 명의 왕비를 배출한 귀족 가문이었다. 귀족의 아들이었던 이자겸은 음서제를 통해 관직에 진출할 수 있었다. 더구나 그의 둘째 딸이 예종의 왕비가 되면서 높은 직위로 계속 승진을 했다. 또한 예종이 죽고 인종이 왕위에 오를 때 도움을 주었던 이자겸은 이후 최고의 권력자가 되어 반대파들을 역모를 꾀했다는 이유로 숙청했다. 이자겸은 왕의 신임을 받으며 막대한 식읍을 받았고, 아들들 역시 높은 관리가 되어 조정을 장악했다.

이자겸은 개인 자격으로 송에 사신을 보내 토산물을 바치기도 하고 왕에게 함부로 칙령을 내려줄 것을 요청하기도 했다. 왕이 이자겸을 두려워한다는 걸 안 신하들은 이자겸을 제거하기로 하고 군사를 거느리고 궁궐로 들어가 이자겸의 오른팔인 척준경의 동생 등을 죽였다. 그런데 이 사실을 알게 된 이자겸과 척준경이 군사를 몰고 와 궁궐을 포위한 뒤 불을 지르고 많은 사람들을 죽였다. 이에 놀란 왕은 이자겸에게 왕위를 넘기려 했다. 하지만 다른 신하들의 반대로 선위는 일어나지 않았고 이후 이자겸은 왕을 자기 집으로 데려가 제멋대로 나라 일을 처리했다.

이때 금이 고려에 신하의 예를 갖추라고 요구했는데 자신의 권력을 유지하기 위해 많은 사람의 반대에도 불구하고 이자겸은 이를 받아들였다. 또한 남의 땅을 함부로 빼앗고 뇌물을 많이 받아 집에서 고기가 썩어 나갔다라는 기록이 있을 정도이다. 하지만 왕의 밀명을 받은 신하에 의해 이자겸과 척준경의 사이는 벌어졌고, 결국 척준경의 공격으로 이자겸은 영광으로 유배가서 죽었다.

묘청(?~1135년)

 "고려의 도읍을 평양으로 옮기려 한 승려예요."

묘청은 서경 출신의 승려로 인종에게 개성의 기운이 다했으니 서경으로 도읍을 옮기면 금이 스스로 항복하고 평화를 누리게 될 것이라고 주장했다.

이자겸의 난으로 왕궁이 불타 왕실의 권위가 땅에 떨어지고 문벌귀족에 대한 비판이 일어나기 시작하던 때이다. 또한 새롭게 등장한 금의 위협을 받던 시기여서 인종에게는 설득력 있는 말로 받아들여졌다. 그래서 인종은 서경에 궁을 짓게 했고, 묘청은 인종이 궁으로 오자 황제로 칭하고 금을 정벌해야 한다고 주장했다.

그러나 1132년부터 서경 천도를 반대하는 신하들이 묘청에게 벌을 주라고 주장했고, 서경의 왕궁이 벼락을 맞는 일이 생기자 묘청은 점차 왕의 신임을 잃게 되었다. 이에 묘청은 1135년 서경에서 반란을 일으켰지만, 부하의 배신으로 죽음을 당하고 반란은 진압되었다.

김부식(1075~1151년)

 "묘청의 난을 진압하고 《삼국사기》를 편찬했어요."

　명문장가로 이름을 떨친 김부식은 신라의 왕족 출신으로 고려 태조 때 그의 집안이 고려의 신하가 되었다. 원래 경주 지방에 근거지가 있었는데 아버지 대부터 개경에서 벼슬을 했다. 1096년 과거에 급제해 벼슬을 하기 시작한 후 계속 승진하여 1132년에는 동중서문하 평장사가 되었다. 묘청의 서경 천도론을 반대했는데, 묘청이 난을 일으키자 서경파인 정지상, 백수한 등을 죽이고 군대를 이끌고 가 서경의 반란군을 진압했다. 그 공으로 정국 공신이 되고 문하시중이 되었다.

　김부식은 관직에서 물러난 후 인종의 명에 따라 10여 명의 학자들과 《삼국사기》를 편찬했다. 《삼국사기》는 당시 전해오던 여러 역사책들을 참고해서 만들었는데, 인종이 죽기 직전인 1145년에 50권을 편찬했다. 당시 고려는 거란의 침입을 받았고 여진족이 세운 금의 압박을 받고 있었기 때문에 《삼국사기》를 편찬함으로써 나라의 단결을 꾀하고 정통성을 살리려고 했다.

이규보(1168~1241년)

 "고려의 문인으로 〈동명왕편〉을 지었어요."

어려서부터 시를 잘 지어 천재라고 불리면서 일찍 유명해졌지만 시험 운이 없어 1190년에야 과거에 급제했다. 하지만 벼슬을 하지 못하고 오랫동안 가난에 시달리며 살았던 이규보는 32세 때 무신 정권의 우두머리인 최충헌에게 아부하는 시를 써서 벼슬길에 올랐다. 그 후 최씨 정권 아래서 문서를 쓰며 벼슬을 했다. 때론 실수하여 귀양도 갔지만 최씨 정권에 충성을 바쳐 살아남았다.

이규보의 문집인 《동국이상국집》 제3권에 수록되어 있는 〈동명왕편〉은 고려 후기에 이규보가 지은 장편 인물서사시로 약 4,000자에 이른다.

〈동명왕편〉은 해모수가 하늘에서 내려와 유화를 만나 주몽을 낳는 얘기로부터 시작한다. 주몽은 고구려를 세운 동명성왕이 되고 그의 아들 유리가 아버지를 찾아와 왕위를 잇는 얘기까지 이어진다.

이는 신화와 역사가 어우러진 작품으로 중국과는 다른 우리 고유의 민족의식과 외적에 대한 저항을 드러냈다는 평가를 받고 있다.

일연(1206~1289년)

 "《삼국유사》를 지은 고려의 승려예요."

속세의 이름은 김견명으로 경주(지금의 경산) 사람이다. 일연은 14세에 승려가 되었고, 22세에 과거 시험 승과에 합격하여 정림사 주지, 선월자 주지, 운문사 주지 등을 거치면서 78세에 국사가 되었다. 일연은 수많은 책을 썼는데 그중 《삼국유사》가 가장 유명하다.

《삼국유사》는 나이 70이 넘어서 쓴 것으로 다섯 권으로 되어 있다. 고려 때는 이 책이 이야기 되어진 적이 없고, 조선 초기에 언급되는 것으로 보아 고려 때 썼지만 많이 알려진 것은 조선 초기로 보여 진다. 처음에는 허황된 이야기라 하여 좋지 않은 평가를 받았지만 시간이 지날수록 그 가치를 인정받아서 김부식의 《삼국사기》와 함께 주요한 역사 자료로 인정받게 되었다.

특히 나라를 건국한 시조들 이야기와 고조선과 단군에 대한 이야기가 실려 있어 중요한 사료로 평가된다. 이 책에만 실려 있는 신라 향가나 전설, 설화 등도 우리 문학사에 귀중한 자료가 되었다.

이승휴(1224~1300년)

 "고려의 정치가로 역사에 대한 대서사시인 《제왕운기》를 썼어요."

경상북도 성주 출신으로 1252년 과거에 급제했으나 1253년 몽골의 침입으로 삼척에서 농사를 지으며 10여 년 간 홀어머니와 살았다. 1264년부터 다시 벼슬을 얻어 관리가 되었는데, 1273년 원에 사신으로 파견되어 학문으로 이름을 떨쳤다.

관직에 있을 때는 관리들의 부정부패를 비난하고 왕에게 바른 정치를 할 것을 주장했다. 그 일로 파직이 되기도 했는데, 파직된 후 삼척으로 돌아와 《제왕운기》를 지었다. 이 책에서 이승휴는 우리 역사가 중국과는 엄연히 다르다는 것을 강조했다. 또 요동이 우리의 생활 영역임을 밝혔고, 우리 민족이 단군을 시조로 하는 단일 민족임을 명백히 했다. 그리고 발해를 고구려를 계승한 나라로 후에 고려로 귀순했다고 기록해 처음으로 발해를 우리 역사로 인정했다.

이러한 이승휴의 역사관은 이후 조선 시대에도 이어져 우리 민족이 단군을 시조로 하는 단일 민족이라는 글들이 이어지게 되었다.

안향(1243~1306년)

"고려의 정치가로 우리나라에 처음으로 성리학을 들여왔어요."

부모가 모두 명문가 출신인 안향은 경상북도 풍기 출신으로 1260년 과거에 급제했다. 1270년 삼별초의 난 때는 강화에 억류되었다가 탈출했는데, 그때 원종의 신임을 얻어 감찰어사가 되었다. 1275년 상주 판관으로 있을 때는 미신을 타파하고 풍속을 바로잡기 위해 무당을 엄하게 다스렸다.

또한 안향은 1289년 원에 가서 손으로 베껴 쓴 주자학 책과 공자와 주자의 초상화를 이듬해 고려로 들여왔다. 1297년에는 집 뒤에 사당을 짓고 공자와 주자의 초상화를 모셨다. 1304년 대성전이 완성된 후 공자를 비롯한 유학자들의 초상화를 모셔 유학의 발전에 힘썼다.

1306년 안향이 죽자 왕은 그의 공적을 기리기 위해 궁중에 있는 원의 화공에게 그의 얼굴을 그리게 했다. 1543년 풍기 군수 주세붕은 안향을 기리기 위해 백운동 서원을 세웠고, 1549년 명종 친필 사액인 소수 서원이 내려졌다.

이제현(1287~1367년)

 "고려의 정치가이자 시인으로 《역옹패설》을 남겼어요."

경주 출신으로 아버지가 과거에 급제해 신진사대부로 벼슬길에 올랐고, 이제현도 어려서부터 학문을 잘하는 아이로 알려졌다. 1301년 일찍이 과거에 합격한 이제현은 충숙왕에게 왕위를 물려준 충선왕의 부름을 받고 1314년 원의 수도인 연경으로 가 만권당에 머물게 되었다. 만권당은 충선왕이 만든 것으로 원의 유명한 문인과 학자들이 교류하던 곳이다. 이제현은 이곳에서 학문을 수련하고 여행을 하며 견문을 넓혔다.

또한 1339년 충혜왕이 원으로 잡혀갈 때 따라가 왕이 다시 복귀하는 데 공을 세웠다. 1351년 공민왕이 즉위하자 정승이 되었고, 여러 번 과거 시험을 주관해 이색 등 신진사대부들을 뽑았다.

이처럼 성리학자로 이름이 높았고 시인으로도 유명했던 이제현은 56세에 《역옹패설》을 지었다. 여기에 자신의 글과 역사, 인물들의 일화를 소개했는데, 몽고에 대한 저항 의식과 무신정권의 부당한 정치를 공격하는 내용을 담고 있다. 1367년 81세에 병으로 세상을 떠났다.

문익점(1329~1398년)

 "원에서 목화씨를 들여온 고려의 문신이에요."

목화는 씨에서 실을 뽑아 내 면으로 된 옷을 만드는 중요한 작물이었지만 고려 말기까지 우리나라에 전해지지 않았다. 이는 중국에서 목화의 외부 유출을 엄하게 단속했기 때문이었다.

문익점은 1360년에 문과에 급제하여 관직에 올라 1363년 원에 사신으로 갔는데, 이때 원의 감시를 뚫고 귀한 목화씨를 붓대에 숨겨 귀국했다.

귀국한 뒤 장인 정천익과 씨를 나누어 시험 재배를 했는데 어떻게 기르는지 방법을 몰라 간신히 한 그루만을 살려 냈다고 한다. 하지만 목화에서 실을 뽑는 기술을 몰라서 사방으로 알아보다가 마침 정천익의 집에 머물던 원의 승려의 도움을 얻어 실을 뽑고 옷을 만드는 비법을 알게 되었다. 이후 처음 목화를 심었던 경상남도 산청군 단성면을 중심으로 계속 재배하여 전국에 목화씨가 퍼지게 했다.

이성계의 개혁 정책에 반대해 벼슬에서 물러났는데 훗날 단성과 장흥에 그를 기리는 사당이 세워졌다.

공민왕(1330~1374년)

 "고려 말에 개혁 정치를 펼친 왕이에요."

충숙왕의 아들로 12세에 원에 갔다가 10년 후인 1351년에 왕이 되었다. 당시 고려는 원의 속국으로 원의 영향을 많이 받았으며, 원에 충성하는 세력들에 의해 나라가 좌지우지되고 있었다.

공민왕은 이런 고려를 개혁하여 자주적인 나라로 만들려고 노력했다. 1352년 몽고식 변발과 몽고식 옷을 입지 못하게 하고, 원의 황후인 기황후를 등에 업고 횡포를 부리던 친원파 세력 기철과 그의 일당들을 죽이고 압록강 일대를 공격했다. 당시 중국은 원이 약해지고 명이 일어나던 시기여서 공민왕은 이를 이용해 외교적으로는 반원 정책을 펴고 내부적으로는 왕권 강화를 꾀했다.

또한 두 번의 홍건적의 침입을 겪은 뒤 권문세족의 힘을 약화시키는 정책을 폈는데, 이때 신돈과 함께 신진사대부들을 기용했다. 신진사대부들은 이후 개혁을 주도하였고 조선을 건국하는 기초가 되었다.

1368년 명과 국교를 맺었고 이성계와 지용수를 보내 요동을 공격해 많은 성을 빼앗았다. 이런 공민왕의 개혁 정치는 1365년 왕비인 노국공주가 죽으면서 힘을 잃기 시작했다. 슬픔에 빠져 있던 공민왕은 승려인 신돈에게 정사를 맡겼는데, 귀족들의 반발이 심해 다시 정치를 했다. 하지만 결국 1374년 환관 최만생이 신하들과 공모해서 공민왕을 암살했다. 공민왕은 글씨와 그림에도 능했는데, 유명한 그림으로 〈천산대렵도〉가 전해진다.

신돈(?~1371년)

 "공민왕 때 개혁 정치를 꿈꾸었던 승려예요."

어릴 때 승려가 된 신돈은 천한 신분이었던 어머니 때문에 사람들에게 인정을 받지 못했다. 1358년 독실한 불교 신자였던 공민왕을 만나 신임을 얻으면서 신돈은 권력을 가지게 되었다. 이후 1364년 왕의 사부가 되어 궁 안으로 들어와 정치에 관여했는데, 공민왕이 신돈의 말을 모두 잘 들어주었기 때문에 많은 사람들이 믿고 따르게 되었다.

강력한 개혁 정치를 펴던 공민왕은 왕비인 노국공주가 죽은 뒤 기운을 잃고 정사를 신돈에게 맡겼다. 신돈은 왕을 대신해 백관들의 조회를 받았다고 한다. 신돈은 1366년 전민변정도감을 설치해 백성들이 부당하게 빼앗긴 토지를 찾아 주고, 억울하게 노비가 된 사람들을 구제해 주었다.

1367년에는 성균관을 완성하고 수도를 평양으로 옮기려고도 했다. 이런 신돈의 개혁은 유학을 공부한 신하들과 귀족들의 반감을 사서 그에게 벌을 주어야 한다는 상소가 공민왕에게 쏟아졌다. 거기에 노국공주의 영전을 짓는 과정에서 많은 비용이 들고 가뭄으로 나라가 어려워지자 공민왕은 다시 정치를 시작했고, 신돈은 1371년 반란을 꾀했다는 죄를 뒤집어쓰고 처형되었다.

최영(1316~1388년)

 "고려 말기의 명장으로 요동 정벌을 꿈꿨지만 실패했어요."

어렸을 때부터 몸이 우람하고 힘이 뛰어났던 최영은 문신 가문에서 태어났지만 병서를 읽고 무예를 익혀 무장의 길을 걸었다. 왜구를 토벌하는 군대에서 공을 세워 장교가 된 후 조일신이 난을 일으켰을 때 이를 진압하며 승진을 했다.

또한 원이 장사성이 일으킨 반란을 막기 위해 고려에 구원병을 요청했을 때 최영도 여기에 속해 중국 각지에서 반란군과 싸웠다. 하지만 고려와 원의 사이가 나빠진 후에는 원의 땅이었던 압록강 부근을 공격해 여러 성을 빼앗았다.

1359년 홍건적의 1차 침입 때, 서경이 함락되자 여러 장수와 함께 이를 물리쳤고, 1361년 홍건적의 2차로 침입 때도 안우, 이방실 등과 함께 함락된 개경을 다시 찾았다.

1364년에는 원에 있던 최유가 반란을 일으켜 군사 1만 명을 이끌고 고려에 들어온 것을 이성계와 함께 물리쳤다. 1376년에는 연산에 침입한 왜구를 크게 무찔러 철원부원군이 되었고, 이후에도 계속되는 왜구의 침략을 무찔렀다.

1388년, 명이 철령 이북 지방을 명의 땅으로 만들려 하자 명과 싸울 것을 결심하고 왕과 함께 서경으로 나가 군대를 지휘했다. 하지만 명과 싸워야 할 이성계가 반기를 들고 위화도에서 되돌아오는 바람에 최영은 속수무책으로 당할 수밖에 없었고, 결국 참형되었다.

이렇게 억울하게 죽은 그의 무덤에는 풀이 나지 않았다고 하며, 무당들 사이에서 최영은 신으로 모셔진다.

정도전(1342~1398년)

 "이성계를 도와 조선을 건국하는 데 공을 세운 정치가예요."

이성계에게는 국정을 논의할 학자가 두 명 있었는데 한 사람은 조준이고, 다른 한 사람은 정도전이었다. 조준은 귀족으로 평양 조씨 출신이고, 정도전은 지방의 관리 출신으로 평민에 가까웠다. 게다가 어머니 쪽의 혈통이 노비의 피가 섞여 있다 해서 차별을 받기도 했다.

목은 이색의 밑에서 학문을 배웠으며, 함께 배운 이들 중에는 정몽주도 있었다. 1362년 과거에 합격해 벼슬길에 올랐는데, 당대의 권신인 이인임과 맞서다 결국 1375년에 귀양을 갔다. 그때부터 1383년에 이성계를 만날 때까지 가난 속에서 힘들게 살았다. 당시 동북면 병마사로 있던 이성계를 정도전이 직접 찾아가 만났다고 하는데 이때부터 이성계의 참모가 되었다. 이후 이성계가 위화도 회군을 해서 정권을 잡자 조준과 함께 토지 개혁을 하려 했다. 권문세가가 독점하고 있던 전국의 토지를 몰수하여 인구수에 따라 배분하려는 것이었는데, 이로 인해 고려의 전통을 지키려는 이색, 정몽주와 사이가 나빠졌다.

조선 건국의 일등 공신이 된 정도전은 정권과 병권을 장악했고, 요동을 공격해 잃어버린 고구려의 땅을 되찾으려 했지만 조준의 반대로 실행에 옮기지는 못했다. 또한 조선의 기초가 되는 《조선경국전》을 펴내고, 수도를 한성으로 옮기는 작업을 했는데 왕자들이 가지고 있던 사병들을 나라에 귀속시키는 문제로 이방원과 대립하다가 결국 죽임을 당했다.

불교가 고려 멸망의 원인이라고 생각한 정도전은 성리학을 중심으로 하는 자주적인 나라를 만들려고 했다. 그래서 왕을 중심으로 하는 중앙 정부가 전국을 통치하는 중앙집권제를 시행했다. 또한 왕은 지배권만 가지고 정치는 재상을 중심으로 이루어지는 정치 체제를 확립하려 했다.

정몽주(1337~1392년)

 "이성계에 맞서 고려를 지키려 한 충신이에요."

정몽주는 경상북도 영일 출신으로 작은 벼슬을 하는 집안에서 태어났다. 1360년 문과에 급제하여 관직에 올랐고, 1367년 성균관박사에 임명되어 《주자집주》를 강의했는데, 훗날 중국의 책과 비교해 보니 틀린 것이 없어 사람들이 감탄했다고 한다.

여러 번 중국에 사신으로 다녀왔으며 일본에도 사신으로 건너가 왜적을 막아줄 것을 요청하고 고려인 포로 수백 명을 구해 돌아오기도 했다. 또한 명이 진상품을 더 보낼 것을 요구하며 고려의 사신을 가두자 자원하여 명으로 가 진상품을 줄이고 갇힌 사신을 구해온 적도 있었다.

이후 정몽주는 고려를 무너뜨리고 새로운 나라를 세우려는 이성계에 맞서다가 개성의 선죽교에서 이성계의 아들 이방원이 보낸 자객에게 목숨을 잃었다. 그때 그가 흘린 피가 지워지지 않고 전해진다는 이야기를 남기기도 했다.

〈이방원의 하여가〉
이런들 어떠하리 저런들 어떠하리
만수산 드렁칡이 얽혀진들 어떠하리
우리도 이같이 얽혀서 천년 만년 누립시다

〈정몽주의 단심가〉
이 몸이 죽고 죽어 일백번 고쳐 죽어
백골이 진토되어 넋이라도 있고 없고
님 향한 일편단심이야 가실 줄이 있으랴

이방원은 훌륭한 학자이자 정치가로 많은 사람들의 존경을 받았던 정몽주를 설득하기 위해 노력했지만 이방원의 하여가에 대한 정몽주의 단심가를 듣고 결국 그를 포기하고 죽였다고 한다.
　정몽주가 비록 조선 건국을 반대하기는 했지만, 나라에 충성한 충신이라 하여 문충이라는 시호를 내리고 전국의 13개 서원에 모셨다.

최무선(1325~1395년)

 "고려의 장군으로 화약 무기를 개발하여 왜구를 물리쳤어요."

최무선이 살았던 고려 말은 왜구가 계속해서 침입해 나라가 어지러웠다. 당시 왜구는 소규모의 해적이 아니라 수많은 배와 군사들을 동원한 정규군 규모의 대군이었다. 최무선은 왜구를 물리치기 위해서는 화약을 이용한 무기를 사용해야 한다고 생각했다.

하지만 화약의 원료인 염초를 만드는 법은 중국에서도 국가 비밀로 외부로 유출되는 것을 막았기 때문에 알 수가 없었다. 최무선은 외국 상인들이 많이 드나드는 무역항인 벽란도로 가서 중국 상인들에게 염초 사용법을 묻다가 마침내 이원이라는 상인으로부터 염초 채취법을 배웠다.

화약을 만드는 데 성공한 최무선의 건의로 1377년에 화통도감이 설치되었다. 또한 배에 싣는 대포들과 화살을 날리는 무기들이 개발되었고, 화약 무기를 다루는 화통방사군이 생겼다.

1380년 왜선 500여 척이 전라도 진포를 침입하자 부원수로 군사를 이끌고 내려가 화약 무기를 이용해 왜선을 공격해 승리했다. 3년 뒤에는 남해의 관음포에 침략한 왜구를 물리쳤는데 이때도 화약 무기를 사용했다. 하지만 조선을 건국한 이성계는 그다지 화약 무기에 관심이 없었다. 화통도감은 위화도 회군 후 없어졌고 최무선도 조선 건국 후 실질적인 벼슬은 하지 못했다.

태종에 이르러 아들 최해산이 벼슬을 하게 되고 화기의 연구가 다시 이루어졌다. 화약을 이용한 화포의 연구는 훗날 임진왜란 때 이순신의 수군이 왜군을 무찌르는 데 중요한 역할을 했다.

조준(1346~1405년)

 "이성계와 이방원을 왕으로 만든 정치가예요."

고려 말의 귀족 가문인 평양 조씨 출신이다. 1374년에 과거에 급제하고 강릉 지방에 관리로 파견되었는데 정치를 잘해 사람들의 존경을 받았다고 한다. 군사적으로도 공을 세워 강원도에 침입한 왜구를 토벌해 공신이 되기도 했다.

1388년 이성계가 위화도에서 회군한 뒤, 조준을 발탁해 크고 작은 일을 모두 의논했다. 본래 이성계는 무장 출신으로 정치에 대한 지식이 부족했기 때문에 조준과 정도전에게 정책을 맡겼다. 민생 안정과 부국강병을 위한 토지 개혁과 군사 제도 개혁을 주장했고, 우왕을 폐위하고 공양왕을 세우는 데 공을 세웠다.

이성계가 조선을 건국하자 일등 공신이 되었는데 정도전과 점차 입장을 달리해 대립하게 되었다. 정도전은 군사를 일으켜 요동을 공격하려 했지만 조준은 이를 반대했고, 왕위 계승 문제에 있어서도 이방원과 친해 이방석을 지지한 정도전과는 적이 되었다. 1400년 11월 이방원을 왕으로 옹립하고 신하로서는 최고의 자리에 올라 평양부원군이 되었다.

- **1392년** 이성계, 조선 건국
- **1393년** 국호를 조선으로 정함
- **1394년** 한양을 도읍지로 정함
- **1398년** 1차 왕자의 난
- **1420년** 집현전 다시 설치
- **1441년** 측우기 발명
- **1443년** 세종, 훈민정음 창제

조선 초기

- **1400년** 2차 왕자의 난
- **1408년** 과거에 무과 신설
- **1416년** 4군 설치
- **1418년** 세종 즉위
- **1452년** 단종 즉위
- **1453년** 계유정난
- **1455년** 세조 즉위
- **1456년** 단종 복위 운동, 사육신 처형
- **1469년** 성종 즉위
- **1485년** 《경국대전》 완성

이성계(1335~1408년)

 "고려를 무너뜨리고 조선을 건국했어요."

전주 이씨로 전주에서 살았으나 고조부가 관리와 싸운 뒤 일가를 모두 데리고 삼척으로 이주했다. 그 뒤 다시 함경도 지방으로 옮겼는데 마침 원이 그 지방을 자신들의 영토로 만들고 쌍성총관부를 설치했다. 이성계의 집안은 그때 원에 투항하여 벼슬을 했다.

공민왕은 원이 약해진 틈을 타 쌍성총관부를 공격했고, 이성계의 아버지 이사춘은 그때 고려에 협력하여 고려의 벼슬을 받게 되었다. 시대의 흐름에 따라 그때그때 잘 처신한 것이 출세에 도움이 된 것이다.

이성계는 1361년 박의가 반란을 일으키자 고려의 요청을 받고 출전하여 이를 진압했고, 홍건적의 난 때는 빼앗긴 개경을 되찾기 위해 선봉에 서서 싸웠다. 이후 이성계는 수많은 전투를 했지만 한 번도 패한 적 없이 승승장구했다. 1380년에는 아기발도라는 장수가 대규모의 왜군을 이끌고 쳐들어오자 이성계가 이들과 맞서 싸워 적장을 죽이고 승리했다. 이것이 유명한 황산대첩이다. 이후에도 여진족과 왜구의 침입을 막아 내어 점점 벼슬이 높아지자 많은 사람들이 이성계 주위에 모이기 시작했다. 정도전도 그때 이성계를 찾아왔다. 고려에서 출세하지 못한 신진사대부들이 이성계의 밑에 모여 개혁을 외치게 된 것이다.

1388년 명이 철령 지방을 자신의 영토로 삼겠다고 통보하자 이에 분노한 고려는 군대를 일으켜 요동을 공격하려 했다. 우왕과 최영이 그 대표적인 인물이었는데, 이성계는 이길 수 없는 싸움이라며 이에 반대했다. 하지만 명령에 의해 조민수와 함께 출전할 수밖에 없었던 이성계는 압록강의 작은 섬인 위화도에서 조민수를 설득하여 군대를 되돌렸다.

왕과 함께 서경으로 나와 군대를 지휘하던 최영은 개경으로 돌아와 막으려 했지만 정예군은 이성계가 가지고 있었기 때문에 맞설 수 있는 군대가 없었다.

결국 이성계는 최영을 죽이고 최고 권력자가 되었다.
 이렇게 고려 귀족들의 기반을 무너트리고 새로운 나라의 기틀을 잡은 이성계는 1392년 7월 스스로 왕이 되었다. 그리고 1393년 나라 이름을 조선으로 칭하고, 도읍을 한양으로 정했다.
 이후 조선은 중앙집권제를 강화했는데, 전국을 8도로 나누고 그 아래 군과 현을 설치하여 관리들을 파견했다. 또한 토지 제도를 개혁하고 농민을 위해 의창을 두어 어려운 때 곡식을 빌려주게 했다. 1397년에는 법전인 《경제육전》을 편찬했다.

이종무(1360~1425년)

 "조선의 장군으로 대마도를 정벌했어요."

어려서부터 말타기와 활쏘기를 잘했던 이종무는 고려 말 아버지와 함께 강원도에 침입한 왜구를 무찔러 벼슬을 받았다. 조선이 개국한 후에도 왜구와 싸웠는데 2차 왕자의 난 때 방간의 군사를 무찔러 공신이 되었다. 1419년 세종이 왕이 되었을 때는 총사령관인 삼군도체찰사가 되었다.

조선 초기 왜구의 침입이 잦고 약탈이 심해지자 조선에서는 이를 근절하기 위해 왜구의 소굴인 대마도를 공격하기로 했다. 이종무는 200여 척의 전함과 2만 여 명의 대군을 이끌고 대마도로 건너가 왜구의 배와 소굴을 불태우고 돌아왔다.

황희(1363~1452년)

 "세종 때의 정치가로 조선 최고의 재상이에요."

고려 우왕 때인 1376년에 가문의 힘으로 벼슬을 시작한 황희는 1389년 문과에 급제했다. 1392년 고려가 망하자 산속에 숨어 살았는데, 태조의 계속된 요청에 의해 조선에서 벼슬을 하게 되었다. 조선의 신하가 된 것에 대해 지조가 없다는 비난도 받았지만 망한 나라를 그리워하며 평생을 보내는 것보다 백성을 위해 자신의 능력을 펼치는 쪽을 선택했다.

"비록 황희가 공신은 아니지만 나는 공신으로서 대우했고, 하루라도 만나지 못하면 반드시 불러서 국정을 의논했으며 하루라도 좌우를 떠나지 못하게 했다."라고 할 정도로 태종의 사랑을 받았다. 하지만 셋째인 충녕대군을 후계자로 생각하고 있던 태종과는 달리 황희는 맏이인 양녕대군이 왕위를 물려받아야 한다고 주장하다가 귀양을 가기도 했다.

또한 농사에 관심을 기울여 각 지방에 곡식의 씨를 공급하고, 옷감을 많이 생산하기 위해 뽕나무를 많이 심을 것을 권장했다. 또한 4군 6진의 개척을 감독하여 조선의 국방을 튼튼히 했다.

이방원(1367~1422년)

 "조선의 3대 왕 태종으로 안정된 조선을 세종에게 물려주었어요."

성균관에서 공부하고 원천석에게 학문을 배운 이방원은 1383년 우왕 때 문과에 급제했다. 1392년 고려의 실권을 쥐고 있던 이성계가 말에서 떨어져 중상을 입자 정몽주는 이때가 이성계 일파를 제거할 기회라고 생각했다. 이에 이방원이 먼저 부하인 조영규를 시켜 정몽주를 죽이고 이성계를 왕으로 만드는 데 큰 공을 세웠다.

하지만 새로운 나라에서 이방원은 세자가 되지 못했고, 1398년에는 정도전이 자신의 사병을 해산시키려 하자 난을 일으켜 정도전 일파와 여러 왕자들을 죽였다. 이를 1차 왕자의 난이라 부른다. 태조 이성계에 이어 정종이 왕이 되지만 실권이 없는 왕이었고 이방원은 세자가 되었다. 1400년 방간이 난을 일으키자 이를 진압했는데, 이를 2차 왕자의 난이라고 한다. 그해 이방원은 정종으로부터 왕위를 물려받아 조선의 3대 임금이 되었다.

어렵게 왕이 된 태종은 왕권을 위협하는 세력들은 모두 제거하기 시작했다. 아버지의 신하들을 퇴진시켰고, 처남들이 세도를 부린다 하여 모두 죽였다. 그리고 국정의 최고 기관으로 의정부를 만들었고, 그 아래 6조를 두어 판서들이 국정을 담당하게 했다. 또한 전국의 행정 제도를 개편하고 군사 제도도 개혁하여 중앙군은 병조에서 맡고 지방군은 도절제사가 맡게 했다.

토지 제도도 정비해 공신에게 지급했던 토지와 절이 가지고 있던 토지를 몰수하여 새로운 토지 개척 사업을 벌였고, 농지에 물을 대는 수리 사업도 실시했다.

1401년에는 신문고를 설치해 백성들이 억울한 사연을 직접 알릴 수 있게 했고, 많은 수의 노비도 풀어 주었다. 중앙과 지방의 교육 제도도 개편하고 과거 제도도 개편했다.

이러한 태종의 정치로 조선은 개국의 혼란을 정리하고 새로운 나라의 기틀을 세울 수 있었다.

외교적으로는 명과 잘 지내고 북쪽으로는 여진족을 압박해 압록강 유역까지 진출했다. 왜와는 한정적인 교역을 허락하여 왜구의 침입을 막았는데 왜구의 침략이 계속되자 대마도를 정벌했다.

태종의 가장 큰 업적 중 하나는 후계자로 세종을 정한 것이다. 원래 세종은 3남으로 장남이 덕이 없다고 하여 세종을 세자로 삼고 왕위를 물려주었다. 태종은 피를 부르며 왕이 되었지만 세종에게는 굳건한 조선을 물려주어 황금시대가 열리도록 했다.

세종(1397~1450년)

 "한글을 만들었고, 우리 역사상 가장 뛰어난 왕으로 평가받아요."

세종은 태종의 셋째 아들이었다. 세자는 당연히 첫째인 양녕대군이 되어야 했지만 태종은 거친 성격의 양녕대군보다 셋째 아들인 충녕대군에게 더 마음이 갔다. 충녕대군은 어려서부터 책벌레라고 할 정도로 열심히 공부를 했고 성격이 부드러워 사람들의 칭찬을 받았다.

1418년 6월에 태종은 "충녕대군은 천성이 총명하고, 학문에 독실하며 정치하는 방법 등도 잘 안다."라고 하며 충녕대군을 세자로 삼았다가 두 달 후 비로 왕위를 물려주었다.

1. 집현전의 설치와 과학의 진흥

    세종은 인재 양성과 학문의 진흥을 목적으로 집현전을 설치했다. 집현전 학자들은 학문 연구와 서적 편찬에 힘써 조선의 문화를 발전시키는 데 큰 공헌을 했다. 역사서, 유교 경전, 법률서, 훈민정음, 지리, 천문, 수학, 농업 책에 이르기까지 이 시기에 주요한 책들이 쏟아져 나왔다. 그중 가장 중요한 것은 역시 《훈민정음》으로 오늘날까지도 세계에서 가장 과학적인 문자로 평가받는다. 천문과학에도 관심을 기울여 천문관측 기계인 혼천의를 만들고 해시계와 물시계를 만들었다. 세종 23년에는 비를 측정하는 측우기도 만들었다.

2. 정치의 안정

    조선 개국 초기의 어수선한 분위기를 정돈하여 안정을 이룩했다. 왕에게 간언을 하는 언관들은 자유롭게 왕에게 자신의 의견을 전달했고, 정승들과 신하들도 자유로운 분위기에서 정치를 의논했다.

3. 인쇄술과 화포의 발전

　기존에 있었던 활자인 계미자의 결점을 보완해 청동 활자인 갑인자를 만들었다. 그 뒤 납 활자인 병진자가 만들어져 더 좋은 질의 인쇄물이 출판되기 시작했다. 세종 30년에는 《총통등록》이란 책을 만들었고, 화포주조소를 지어 뛰어난 성능을 가진 대포를 만들었다.

4. 농업과 의학, 음악의 발전

　우리나라의 농업을 다룬 《농사직설》을 반포했고, 의학에서도 《향약집성방》과 《의방유취》 같은 중국과 조선의 의학을 집대성한 책을 간행했다. 또한 세종은 박연과 같은 음악가와 함께 국가 행사에 사용하는 아악을 발전시키고 《여민락》, 《정대업》 같은 곡들을 작곡했다.

5. 법률의 정비와 토지 제도의 확립

　세종 17년에 법률집인 《속육전》이 완성되었다. 형벌 제도도 정비하여 고문을 금지하고 벌을 주려면 세 번 재판을 받게 했다. 사형을 엄격하게 제한하고 감옥에도 신경을 써 죄수들이 옥에서 죽는 일이 없도록 했다. 또한 토지에 세금을 매기는 방법을 개선하여 땅을 종류에 따라 나눠 세금을 다르게 부과했다.

6. 국경의 안정

　4군과 6진을 개척해 북쪽의 국경을 안정시키고 대마도를 원정했으며, 삼포를 개항해 왜인들이 노략질을 하지 않도록 예방했다.

김종서(1390~1453년)

 "세종 때의 장군으로 6진을 개척했어요."

1405년에 문과에 급제하여 벼슬을 시작했다. 1433년 여진족의 침입이 끊이지 않자 북쪽 변방의 강화를 강경하게 주장하여 세종으로 하여금 변방 경계에 힘쓰도록 했다.

이후 김종서는 여진족 사이에 내분이 발생한 것을 기회로 7, 8년간 북쪽 변방에서 여진족을 무찌르고 비변책을 올리는 등 6진을 개척하여 영토 확장에 큰 공을 세웠다. 이로써 압록강 방면의 4군과 함께 조선의 영토가 두만강과 압록강 상류까지 넓어졌다.

한편 학자이자 관료로서의 능력도 갖추어 《고려사》, 《고려사절요》, 《세종실록》의 편찬 책임자였으나 계유정난으로 인해 그의 이름은 모두 삭제되었다. 세종이 죽고 문종이 즉위했으나 병으로 일찍 죽자 어린 단종이 왕위를 이었다. 이에 수양대군이 조카인 단종을 밀어내고 왕이 되었는데, 이를 계유정난이라고 한다. 김종서는 문종의 유지를 받들어 단종을 보호하다 수양대군에게 목숨을 잃었다.

장영실(?~?)

 "세종대왕 때의 과학자로 조선 최고의 발명가예요."

　장영실의 아버지는 원에서 조선으로 귀화한 중국인이었다. 그런데 어머니가 동래현에 소속된 기생이었기 때문에 장영실도 관노가 되었다. 어린 시절부터 기술에 능해 동래현의 병기 창고에 들어가 낡은 무기들을 손질했다고 한다. 그런데 그 기술이 뛰어나 남양부사 윤사웅의 추천을 받아 궁궐로 들어가게 되었다.

　세종은 장영실의 능력을 알아보고 중국으로 보내 천문 기술을 배우게 했다. 조선으로 돌아온 장영실은 천문 기계와 물시계를 만들었고, 세종은 그를 노비에서 해방시키고 벼슬을 주었다.

　세종은 1432년부터 본격적으로 천문대를 세우고 천문 기술을 발전시키기 시작했다. 장영실은 정5품 벼슬로 승진하여 각종 기기를 제작했다. 천체를 관찰하는 기구인 혼천의와 해시계인 앙부일구, 자동 물시계인 자격루를 만들었는데, 자격루는 조선의 표준 시계가 되었다. 이런 기기들은 계절과 시간을 정확하게 알려주어 농사를 짓는 데 큰 도움이 되었다.

　1420년에는 금속활자인 갑인자를 만들었고, 1441년에는 세종의 명을 받아 세계 최초로 비의 양을 측정하는 기구인 측우기를 만들었다. 이처럼 장영실은 세종의 보호를 받으며 높은 관직에 올랐지만, 세종의 수레를 잘못 만든 죄로 벼슬에서 물러나 쓸쓸하게 죽었다.

한명회(1415~1487년)

 "계유정난을 성공시키고 수양대군을 왕으로 만들었어요."

1415년 일곱 달 만에 태어난 한명회는 몸이 온전치 않아 아무도 기르려 하지 않았다. 이를 가엾게 여긴 늙은 여종이 거두어 돌보았는데, 일찍이 부모를 잃고 고아가 되어 종조부가 교육을 시켰다. 유학자 유방선의 문하에서 공부했으며 서거정, 권람 등이 함께 공부한 사형제들이었다. 그중 권람은 일찍 과거에 합격하여 벼슬을 했지만, 한명회는 여러 번 낙방하고 여기저기 떠돌아 다녔다.

38세 때 가문의 힘으로 간신히 작은 벼슬을 얻은 한명회는 당시 이미 고위직에 있던 권람에게도 기죽지 않고 큰소리를 쳤다고 한다. 이후 권람을 통해 수양대군에게 접근해 그의 참모가 되었다. 1453년 계유정난을 일으킨 수양대군이 어명으로 신하들을 궁으로 들어오게 했는데, 그때 한명회는 들어오는 사람들 중 적은 죽이고 자기편은 살려두는 일을 했다. 이때부터 한명회는 높은 관직에 오르며 출세하기 시작했다.

사육신이 세조를 암살할 계획을 세웠을 때도 한명회가 나서 세조를 구했다. 또한 1459년에는 황해·평안·함길·강원 4도의 병권을 가진 4도 도체찰사가 되어 민생을 살피고 여진족을 방비하기 위한 성을 쌓았다.

한명회는 평생 네 차례 공신에 봉해졌고, 두 딸이 왕비가 되기도 했지만, 1504년 연산군 때 왕의 어머니를 죽게 한 간신으로 지목되어 무덤에서 시체가 꺼내져 목이 잘렸다.

세조(1417~1468년)

 "세종의 아들로 조카인 단종을 내쫓고 왕이 되었어요."

세종의 둘째 아들인 수양대군으로 문종의 동생이다. 세종의 뒤를 이어 문종이 즉위했지만 병으로 죽고 어린 단종이 왕이 되었다. 문종은 김종서를 비롯한 대신들에게 어린 단종을 잘 보살펴 줄 것을 부탁했다. 하지만 왕위를 노리던 수양대군이 계유정난을 일으켜 김종서를 비롯한 여러 사람들을 죽이고 단종을 폐위시켰다.

세조는 즉위 후 집현전 출신의 신하들과 대립했는데, 이는 세조가 왕권을 강화하기 위해 신하들을 강하게 눌렀기 때문이다. 결국 성삼문·박팽년·이개·하위지·유성원·유응부 등 전직·현직 집현전 출신들은 1456년 6월 창덕궁에서 세조를 암살할 계획을 세웠으나, 김질·정창손 등의 배반으로 실패하고 말았다. 이로 인해 단종은 목숨을 잃었고, 집현전은 없어졌다.

세조는 군현제를 정비하고, 현직 관리에게만 과전을 지급하는 직전법을 실시했다. 또한 호적법과 호패법을 만들어 인구를 통제하고 병역에 종사하는 사람들의 수를 늘렸다. 불교 진흥에도 힘써 원각사를 세우고 《월인석보》를 간행했다. 《국조보감》, 《동국통감》 등의 책들도 이때 나왔다.

성삼문(1418~1456년)

"사육신의 한 사람으로 단종을 복위시키려고 했어요."

성삼문은 1438년 식년 문과에 급제한 뒤 세종이 직접 뽑아 집현전 학사가 되었다. 정인지, 신숙주, 최항, 박팽년, 이개 등과 함께 세종이 한글을 만드는 데 많은 도움을 주었다. 특히 신숙주와 함께 요동에 유배 중인 중국 학자를 찾아가 글자의 소리에 대한 질문을 하기도 했다. 이후 훈민정음을 반포하는 데 공을 세웠다.

세조가 계유정난을 일으킨 뒤 성삼문을 공신으로 책봉했으나 이를 사양했고, 단종이 세조에게 왕위를 넘길 때 옥새를 끌어안고 울어 세조의 미움을 샀다. 1456년 박팽년, 유응부, 허조, 권자신, 이개, 유성원 등과 세조를 암살하기로 계획했으나 김질이 정창손과 함께 왕에게 밀고를 해서 잡히고 말았다.

모진 고문을 당했으나 뜻을 굽히지 않았고 결국 그의 가족들과 함께 사형을 당했다. 훗날 그의 집에 가 보니 세조에게 받은 녹봉이 그대로 쌓여 있고 집안은 변변한 가구 하나 없었다고 한다.

서거정(1420~1488년)

"조선의 문신으로 《동문선》을 편찬한 시인이에요."

　대대로 높은 벼슬을 한 명문가 출신으로 여러 부문의 학문에 능통했다. 천문, 지리, 의학, 풍수까지 알았으며 글을 잘 지었는데, 특히 시를 잘 지어서 유명했다. 1444년 과거에 급제하여 벼슬길에 올랐는데, 세조도 그의 시를 보고 감탄했다고 한다.

　《경국대전》 집필에도 참가했으며 조정의 모든 책이 그의 손을 거칠 정도였다고 한다. 성종 때 공신이 되었는데 중국 사신을 맞이하여 시로 서로 통하니 천재라는 평을 받았다. 1477년에 《동문선》 130권을 편찬했고, 《신찬동국여지승람》과 《동국통감》, 《필원잡기》도 저술했다.

　서거정은 조선 전기의 대표적인 문인으로 한문학을 다룰 때에도 우리의 한문학은 중국과는 다른 것이라는 의식을 가졌고, 역사를 기록함에 있어서도 고구려, 백제, 신라를 동등하게 다루었다. 《동국여지승람》에서는 우리나라가 단군으로부터 시작되었다고 밝혀 자주적인 생각을 가지고 있었음을 알 수 있다.

김시습(1435~1493년)

 "조선 전기의 학자로 단종이 죽자 세상을 버리고 숨어 살았어요."

김시습은 3세 때 글자를 깨우쳤다는 천재이다. 5세 때는 이미 시를 써서 임금인 세종도 알게 되었는데, 세종은 승지를 시켜 그의 자질을 시험해 보고 장차 크게 될 인물이니 열심히 공부하라며 선물을 내렸다고 한다.

21세에 수양대군이 왕이 되었다는 소식을 듣고 책들을 모두 태운 뒤 스스로 머리를 깎고 승려가 되어 전국을 떠돌아 다녔다. 사육신이 처형되던 날 밤에는 조각난 시신들을 모아 노량진에 임시로 매장했다고 한다. 이후 전국을 유랑하면서 시를 쓴 김시습은 1465년 경주 금오산에 금오산실을 짓고 살았는데 이때 매월당이란 호를 썼다.

이곳에서 최초의 한문 소설로 불리는 《금오신화》를 집필했는데, 지금은 모두 전해지지 않고 다섯 편만 전해진다. 기이한 나라나 귀신에 대한 이야기가 주를 이루며 연애에 대한 시도 많이 실려 있다.

성종 때 다시 한양으로 왔으나 폐비 윤씨 사건이 일어나자 다시 세상을 버리고 방랑하다가 충청도 무량사에서 54세의 나이로 죽었다. 그가 죽은 뒤 그의 시를 모은 《매월당집》이 간행되었다.

성종(1457~1494년)

 *"조선의 정치적 기반을 완성한 왕이에요."*

　세조의 손자인데 아버지가 세자 시절에 일찍 죽자 세조가 키웠다. 어려서부터 학문을 잘하고 글씨와 그림에도 뛰어나 세조의 사랑을 받았다. 왕위에 오른 예종도 일찍 죽자 나이 어린 성종이 왕이 되었고, 어린 왕 대신 정희왕후 윤씨가 7년간 수렴청정을 했다.

　1476년부터 직접 나라를 다스리기 시작한 성종은 김종직, 김굉필 등 사림 세력을 등용하여 훈구 대신들을 견제했다. 1485년에는 《경국대전》을 완성해 반포했는데, 이는 조선의 건국이 완성된 것을 의미한다. 1492년에는 법률의 기본이 되는 《대전속록》을 간행했으며, 이외에 《동국여지승람》, 《동국통감》, 《삼국사절요》, 《동문선》, 《악학궤범》 등 각종 서적을 간행하게 했다. 1470년에는 토지의 세습과 수탈을 막기 위해 관수관급제를 실시했는데, 이는 국가가 직접 세금을 거둬 관리들에게 녹봉을 지급하는 제도였다.

　또한 성종은 여진족의 침입에 대비해 북방 경비를 강화했고, 압록강과 두만강에서 두 차례에 걸쳐 여진족을 진압했다.

　1479년 세자 융(연산군)을 낳은 왕비 윤씨가 왕에게 불손하게 행동했다 하여 폐비 시킨 뒤 사약을 내려 죽였는데, 이 사건이 나중에 연산군의 원한을 사 갑자사화를 일으키는 원인이 되었다.

- **1498년** 무오사화
- **1504년** 갑자사화
- **1506년** 중종반정
- **1519년** 기묘사화
- **1545년** 을사사화
- **1598년** 이순신, 노량 해전
- **1608년** 광해군 즉위
- **1623년** 인조반정
- **1627년** 정묘호란
- **1636년** 병자호란

조선 중기

- **1567년** 선조 즉위
- **1583년** 이이, 10만 양병설 주장
- **1592년** 임진왜란, 이순신의 한산도 대첩
- **1597년** 정유재란
- **1593년** 권율, 행주대첩
- **1637년** 인조, 청 태종에 항복
- **1645년** 소현세자, 한양으로 돌아옴
- **1649년** 효종 즉위, 북벌론
- **1674년** 숙종 즉위
- **1689년** 기사환국, 서인 몰락
- **1694년** 갑술환국, 남인 몰락

유자광(1439~1512년)

"조선의 간신으로 무오사화를 일으켰어요."

유자광은 서얼 출신이라 벼슬에 오르기가 쉽지 않았다. 하지만 세조 때 이시애의 난이 일어나자 일반 병사로 스스로 참전하여 세조의 신임을 받아 벼슬을 할 수 있게 되었다. 1468년에는 온양 별시에 장원하였고, 예종이 즉위하자 남이가 역모를 하려 한다고 고발하여 공신이 되었다.

또한 연산군 때 김일손이 쓴 사초 중 김종직의 조의제문이 세조에 대한 비판의 글이라고 고발했다. 그리고 1498년 김종직과 그의 제자들을 제거하는 무오사화를 일으켰다. 하지만 1504년 갑자사화 때에는 연산군의 생모인 윤씨의 폐비에 찬성했던 이극균과 가까이 지냈다는 이유로 관직에서 물러났다.

1506년에 다시 관직에 오른 유자광은 그해에 일어난 중종반정에 참여하여 반군이 궁궐에 들어올 수 있게 도왔다. 이후 다시 공신이 되었으나 사림파의 계속되는 탄핵으로 광양으로 귀양을 갔다. 이어 평해로 옮겨진 다음 1512년 유배지에서 죽었다.

연산군(1476~1506년)

 "조선의 대표적인 폭군으로 알려졌어요."

연산군은 성종의 첫째 아들로 7세에 세자가 되고, 19세에 왕위에 올랐다. 이처럼 순조롭게 왕이 된 연산군이었지만 삼사(사간원, 사헌부, 홍문관)와의 대립, 어머니인 폐비 윤씨 문제로 두 차례나 사화를 일으켰다.

1498년 무오사화는 김일손이 사초에 넣은 김종직의 조의제문이 세조를 비방한 글이라고 유자광이 고발해서 벌어졌다. 사림파를 싫어했던 연산군은 이미 죽은 김종직의 시체를 관에서 꺼내 다시 목을 베었고, 그의 일당으로 몰린 신진 사대부들은 죽이거나 귀양을 보냈다. 이는 사림 세력을 막으려는 훈구 대신들이 연산군을 이용해 벌인 일이었다.

1504년 갑자사화는 연산군의 어머니인 폐비 윤씨의 죽음과 관련된 사람들을 처벌하기 위해 시작되었다. 폐비 윤씨는 질투심에 성종과 싸우다가 성종의 얼굴에 손톱자국을 내서 쫓겨났다가 사사되었는데, 이 사건과 관련된 성종의 부인들과 훈구 대신들은 거의 죽거나 귀양을 갔다.

결국 두 번의 사화로 사림과 훈구 대신들이 모두 제거되었다. 이후 연산군은 사치와 향락을 일삼아 나라를 어렵게 하고 정치를 돌보지 않았다. 이에 훈구 대신들은 자신들이 살기 위해 연산군을 내쫓을 음모를 꾸미기 시작했다. 1506년 마침내 성희안, 박원종, 유순정 등이 병사를 동원해 연산군을 폐위시키고 중종을 왕으로 삼았다. 이를 중종반정이라고 한다. 연산군은 유배되었다가 쓸쓸히 죽었다.

조광조(1482~1519년)

 "중종 때의 정치가로 개혁 정치를 펴다가 사약을 받았어요."

17세 때 김굉필에게 학문을 배웠으며 성리학 연구에 힘써 김종직의 학풍을 잇는 사림파의 우두머리가 되었다. 1510년 사마시에 장원으로 합격해 성균관에서 공부했으며, 1515년 문과에 장원으로 급제하여 중종의 두터운 신임을 얻게 되었다.

유교의 가르침을 정치의 근본으로 삼는 도학 정치를 주장하며 훈구 대신들과 대립하게 되었다. 중종반정으로 왕이 된 중종은 공신들의 세력이 커지자 조광조를 비롯한 신진사대부들을 기용해 이를 견제하려 했다. 또한 시골의 상호부조를 위해 향약을 실시하게 했는데, 이는 일반 백성들까지도 유교의 원칙에 따라 살게 하는 계기가 되었다.

1518년 개혁을 위해서는 먼저 왕이 변해야 한다고 생각한 조광조는 많은 반대에도 불구하고 왕실의 무당 기관인 소격서를 없애는 데 성공했다. 또한 인재를 추천하는 현량과를 실시해 여러 젊은 학자들을 뽑아 관직에 올렸다. 이들은 조광조를 우두머리로 하는 신진 세력이 되었으며, 1519년 잘못된 공신 책정으로 공신이 된 76명의 공신들의 작위를 취소하라고 요구했다.

이에 훈구 대신들도 가만히 앉아서 당할 수 없다고 생각하고 조광조 일당이 역모를 꾀하고 있다고 고발했다. 결국 조광조와 그의 무리들은 귀양을 가 그곳에서 사약을 받았는데, 이를 기묘사화라고 한다. 조광조의 개혁은 이상을 앞세워 개혁을 너무 서둘렀다가 실패한 사례가 되었다.

중종(1488~1544년)

 "성종의 아들로 연산군을 내쫓은 뒤 왕이 되었어요."

성종의 아들로 태어난 중종은 연산군의 배다른 동생이기도 하다. 연산군 시대의 폐정을 막기 위해 박원종, 성희안 등이 반정을 일으켜 중종을 왕위에 올렸다. 당시 중종은 아무 것도 모르는 상태에서 왕이 되어 허수아비 왕이나 다름없었고, 공신들은 중종을 마음대로 이용하여 왕보다 강한 힘을 갖게 되었다.

이후 이들을 견제할 사람이 필요했던 중종은 조광조를 기용했다. 조광조는 김종직으로부터 이어지는 사림파의 인물이었다. 1519년 조광조 일파는 공신 책정이 잘못되었으니 공이 없으면서도 공신이 된 76명을 삭제하라고 중종에게 상소했다.

조광조의 공격을 받게 된 대신들은 음모를 꾸며 조광조 일당이 역모를 꾀한다고 고발했다. 중종도 도학 정치의 이상을 실현하기 위해 군주의 자질과 학문적 윤리를 지나치게 강조하는 조광조의 태도에 힘들어하던 중이었다. 결국 조광조와 김정, 김식 등이 유배되었다가 사약을 받고 죽었는데, 이를 기묘사화라 한다.

중종은 1510년에 왜인들이 부산과 동래 지역에 쳐들어와 폭동을 일으키자 국방에 위험한 일이 생겼을 때 대처하는 기구인 비변사를 설치했다. 비변사는 임진왜란을 거치면서 국가 최고 의결기관이 되었고, 권력이 한곳에 집중되면서 여러 가지 부작용도 생겼다.

중종은 57세에 죽었는데, 우유부단한 성격 때문에 여러 신하들을 싸우게 만들었다는 평을 받았다.

윤원형(?~1565년)

"문정왕후의 동생으로 외척의 신분을 이용해 권력을 독점했어요."

윤원형은 윤지임의 막내아들로 명종의 어머니인 문정왕후가 손위 누나이다. 1533년 과거에 급제해 벼슬길에 올랐는데 당시 최고 권력자인 김안로에 의해 파직되었다. 후에 중종의 큰아들이자 세자였던 인종을 폐위하고 문정왕후의 아들인 경원대군(명종)을 세자로 만들려다가 실패하고 인종이 왕위에 오르자 관직에서 쫓겨났다. 하지만 인종이 왕이 된 지 여덟 달 만에 죽자 명종이 왕이 되었는데 나이가 열 한 살 밖에 되지 않아 어머니인 문정왕후(인수대비)가 수렴청정을 했다. 결국 조정에 다시 복귀한 윤원형은 대대적인 보복을 시작했는데, 평소에 원한이 있던 사람들은 모두 반역자로 몰아 죽게 했다. 이와 연관되어 죽은 사람이 100여 명에 달했는데, 이를 을사사화라고 한다.

이후 윤원형은 이조판서, 우의정을 거쳐 1563년 영의정이 되어 권력을 휘둘렀고, 권세를 배경으로 엄청난 부를 축적했다. 하지만 1565년 문정왕후가 죽자 파면되어 시골에서 비참하게 죽었다.

이황(1501~1570년)

 "조선의 대표적인 유학자로 호는 퇴계예요."

경상북도 안동에서 태어난 이황은 작은 아버지에게 논어를 배운 뒤 혼자 공부하면서 학문을 쌓았다. 1534년 문과에 급제하여 벼슬을 받았고, 사가독서라 하여 일은 하지 않고 공부만 할 수 있는 은혜를 받았다.

을사사화가 벌어지자 병을 핑계로 관직을 사퇴하고 고향으로 돌아갔다. 이후에도 계속 조정의 부름을 받았으나 사양하다가 단양 군수, 풍기 군수를 지냈다. 풍기 군수 재임 중 백운동 서원에 임금의 글씨를 담은 현판과 책, 땅을 하사할 것을 청하여 최초의 사액 서원인 소수 서원이 되었다. 1560년에는 도산서원을 짓고 많은 제자들을 길러 냈다.

선조 때 부름을 받은 이황은 《성학십도》를 저술하여 왕에게 바쳤다. 1570년 단정히 앉은 자세로 죽었다고 하는데, 그의 부음을 들은 선조는 3일간 정사를 폐하고 영의정의 예를 다해 장사를 지냈다.

이황의 문하에는 류성룡·정구·김성일·기대승·이산해 등 260여 명에 이르는 제자가 있으며, 이들을 영남학파라고 한다. 임진왜란 후 이황의 문집은 일본으로 반출되어 출판되었는데, 일본 유학계에 깊은 영향을 끼쳐 존경을 받았다. 유교의 원산지인 중국에서도 주자 이래 최고의 유학자라는 평가를 한다고 한다.

신사임당(1504~1551년)

 "조선 최고의 여성 지식인으로, 대학자 이율곡의 어머니예요."

　사임당은 호로 이름은 인선이다. 강원도 강릉부 오죽헌에서 태어났으며, 아버지 신명화는 글공부를 하는 선비였으나 조광조가 죽자 정치 현실에 실망해서 처가가 있는 강릉으로 내려왔다. 신사임당은 어려서부터 총명하여 외할아버지와 아버지로부터 학문을 배웠는데 경전과 고전에 능통하고 시와 그림에도 뛰어난 솜씨를 보였다. 19세 때 몰락한 가문의 아들인 이원수와 혼인한 신사임당은 5남 3녀를 낳았다. 만딸이 매창이고, 셋째 아들이 율곡이다. 매창은 어머니로부터 재능을 물려받아 시, 서, 화에 능했다. 율곡의 동생 우도 여러 분야의 예술에 능한 것으로 유명했다.

　신사임당은 말투가 온화하고 얼굴빛이 부드러웠지만 남편이 실수하면 반드시 간곡하게 권유하여 고치게 했고, 자녀들의 잘못은 엄히 경계하여 타일렀다. 주위 사람들에게도 과실이 있으면 준엄하게 나무랐다. 또 미천한 노비들에게도 함부로 대하지 않아 사람들은 그녀를 좋아하면서도 함부로 대하지 못했다고 한다.

　1550년 남편이 수운판관이란 벼슬을 얻었다. 수운판관이란 각 지방에서 세금으로 거두어들인 곡식을 나룻배에 실어 한양으로 나르는 일을 하는 벼슬이었는데, 남편이 아들들을 데리고 관서 지방으로 간 사이에 신사임당이 병석에 누웠다. 1551년 신사임당은 남편과 아들을 보지 못하고 죽었다.

휴정(1520~1604년)

 "유정의 스승으로 임진왜란 때 승군을 이끌었어요."

평안도 안주 출신으로 속세의 이름은 최여신이다. 성균관에서 공부했으나 과거에는 합격하지 못하고 여러 사찰을 여행하던 중 1540년에 승려가 되었다. 1549년 승과에 급제하여 벼슬을 받았으나 사임하고 여러 사찰을 떠돌며 수련했다.

1592년 임진왜란이 일어나자 선조는 묘향산으로 사신을 보내 나라의 위급함을 알리고 휴정을 불렀다. 선조는 휴정에게 나라를 구할 방도를 묻자, 늙고 병든 승려는 절을 지키며 나라를 구할 수 있도록 부처님께 기도를 하고, 젊은 승려들은 자신이 거느리고 나가 싸우겠다고 했다. 이후 전국의 승려들에게 격문을 돌렸는데 처영이 지리산에서 일어나 권율의 휘하에서 싸우고 1000여 명의 승려를 모아 평양으로 왔다.

이후 휴정은 불교 최고의 직위를 받았으나 나이가 많아 수행하기 어렵다 하며 유정에게 물려주고 묘향산으로 돌아갔다. 1604년 묘향산 원적암에서 입적했다.

당시 불교는 조선 왕조의 계속된 탄압으로 겨우 명맥만 유지하고 있었다. 휴정은 국가가 어려울 때 왕의 부름을 받고 나와 호국 불교의 전통을 지켰다. 제자가 1000여 명이 넘었고, 그들이 조선 후기 불교를 대표하게 되었다.

이이(1536~1584년)

 "조선의 대표적인 학자로 외적을 막기 위해 10만 양병설을 주장했어요."

신사임당과 이원수의 아들로 8세 때 이미 파주 화석정에 올라 시를 지을 정도로 천재성을 발휘했다. 호는 율곡이고 구도 장원공이란 별명도 있었는데, 이는 그가 아홉 번 시험을 봐서 모두 장원을 했다는 뜻이다. 16세 때 어머니가 돌아가시자 3년간 시묘살이를 하고 금강산에 들어가 불교를 공부했다. 아버지가 계모를 얻었는데 계모가 이이를 구박하자 승려가 되려 했다고 한다.

20세에 하신해 1558년 별시에서 장원했다. 이때 답안지가 〈천도책〉인데 명문으로 여러 사람에게 읽혀졌다. 《명종실록》 편찬에 참여했고, 성흔과 이기칠정론 등을 토론했다. 1575년에 주자학의 핵심인 《성학집요》를 편찬하고, 1577년에는 아동교육서인 《격몽요결》을 편찬했다.

1582년에 이조 판서가 되었고, 1583년 외적의 침입에 대비한 10만 양병설을 주장했으나 받아들여지지 않았다. 훗날 선조가 피란을 가면서 율곡의 말을 듣지 않은 것을 후회했다고 한다. 1584년 한양에서 죽어 파주에 묻혔다.

정철(1536~1593년)

"조선의 시인으로 〈관동별곡〉, 〈사미인곡〉 등을 지었어요."

정철의 집안은 누이가 왕의 후궁으로 왕실의 외척이다. 을사사화로 아버지와 형이 귀양을 갔는데 형은 도중에 죽었다.

여러 학자들에게 학문을 배우고 이이, 성혼 같은 선비들과도 사귀었으며, 25세 때 〈성산별곡〉을 지었다. 1562년 27세에 문과에 장원 급제하고 관직에 나갔다. 하지만 서인에 속해 당쟁에 휘말린 정철은 벼슬을 버리고 담양 창평으로 들어가 조정에서 불러도 나오지 않았다. 1580년에 강원도 관찰사가 되었는데, 그 때 〈관동별곡〉을 지었다.

당시 조정은 당파 싸움의 현장이었기 때문에 서인의 대표인 정철은 관직에 올랐다가도 탄핵을 받고 사임하는 일이 잦았다. 광해군을 세자로 밀었다가 선조의 미움을 사서 귀양을 가기도 했다.

임진왜란이 일어나자 귀양에서 풀려나 왕을 평양에서 의주까지 호송하는 일을 했고, 명에도 사신으로 다녀왔지만 탄핵을 받고 다시 사직했다. 강화도에서 살다가 죽었다.

김천일(1537~1593년)

 "임진왜란 때 의병장으로 2차 진주성 싸움을 지휘하다 전사했어요."

　1573년부터 벼슬을 하여 담양 부사, 한성부 서윤, 수원 부사를 지냈다. 임진왜란이 일어나자 나주에서 의병을 일으켰다. 수원 독산성에 본부를 차리고 유격전을 펼쳐 왜군들을 공격했다. 후에는 강화도로 본부를 옮기고 주변의 왜군을 공격했는데, 관군과 합세해 양화도 전투에서 대승을 거두었다.

　한양을 되찾았을 때 식량이 없어 굶어죽는 사람들이 나오자 배로 쌀 1000석을 공급하기도 했다. 권율의 행주산성 전투에도 참가해 공을 세웠고, 1593년 왜군이 남쪽으로 후퇴하자 이를 추격해 함안까지 갔다. 당시 왜군은 주력 부대를 모아 진주성을 공격하려 하고 있었다. 김시민이 지켰던 1차 진주성 싸움에서 졌던 것을 복수하려는 의도였다. 김천일이 이 소식을 듣고 의병 300여 명을 이끌고 진주성으로 들어갔다. 여러 지방의 관군과 의병들이 모여들었는데 김천일이 지휘관이 되어 왜군의 대군과 싸웠다. 6월 21일부터 29일까지 분전했으나 결국 이기지 못하고 성이 함락되자 아들과 함께 촉석루에서 남강에 몸을 던져 죽었다.

권율(1537~1599년)

 "임진왜란 때 행주대첩을 이끈 장군이에요."

영의정을 지낸 권철의 아들로 명문 집안에서 태어났다. 권율은 1582년에 문과에 급제했는데 그때 나이가 46세로 사위인 이항복보다도 2년이 늦었다. 임진왜란이 일어나자 권율은 광주목사가 되어 전쟁에 나갔는데, 조선군은 일반 백성들을 모아 만든 군대로 전투 경험이 없었다. 결국 겨우 2000명 밖에 안 되는 왜군의 기습을 받아 대패하고 말았다.

전라도로 되돌아가 기회를 기다리던 권율은 전주를 노리는 왜군을 막기 위해 이치라는 고개로 출전하여 적군에 많은 피해를 입혔다. 이치의 승리로 권율은 전라도 순찰사가 되었다.

권율은 한양을 되찾기 위해 2만여 명의 군사를 거느리고 수원 독왕산성으로 진출했다. 1593년 행주대첩이 있을 때까지 권율은 이곳에서 유격전을 벌이며 성을 지켰다. 그동안 조선군은 명군과 합세하여 평양성을 함락시키고 개성을 거쳐 한양으로 진격하고 있었다. 권율은 4,000의 군사를 거느리고 한강을 건너 행주산에 주둔하며 나무로 목책을 두르고 성을 쌓았다.

한양으로 후퇴하여 사기를 추스르기 위해 승리가 필요했던 왜군은 모든 부대를 동원하여 행주산성을 공격했다. 하지만 권율이 이끄는 조선군을 당할 수가 없어 왜군은 결국 한양을 버리고 남쪽으로 돌아갔다. 이를 행주대첩이라고 한다. 권율은 전쟁이 끝나자 벼슬을 버리고 낙향했으며, 63세에 병으로 죽었다.

허준(1539~1615년)

 "조선의 의관으로 《동의보감》을 썼어요."

허준은 아버지는 양반이었으나 어머니가 정부인이 아니었기 때문에 평민이 되었다. 양반들이 천하게 여긴 의관이 된 것도 신분 때문으로 보인다.

1571년 내의관이 된 뒤, 1590년 왕세자의 천연두를 치료한 공으로 당상관이 되었다. 임진왜란이 일어나자 선조와 의주까지 함께하면서 왕의 신임을 받았고, 1596년에는 선조의 병을 고쳐 양반으로 승격했다. 1608년 선조가 죽자 어의로서 책임을 지고 귀양을 갔다가 풀려난 뒤에도 관직에 오르지 않았다.

《동의보감》은 조선 최고의 의학 서적으로 중국과 조선의 의학을 정리한 것이다. 임진왜란으로 의학서들을 구하기 어려워지자 선조가 허준에게 새 의학 서적을 만들 것을 명했는데 허준은 당시 뛰어난 의원들을 모아 함께 작업을 했다. 정유재란으로 중단되었다가 허준이 다시 편찬을 하여 1610년에 완성했다.

《동의보감》은 세계 의학사에 남을 명작으로 널리 알려졌는데, 특히 한글로도 출판되어 많은 사람들이 읽을 수 있도록 했다. 2009년에는 유네스코 세계기록유산으로 등재되었다.

원균(1540~1597년)

 "임진왜란 당시 수군 장수로 이순신을 모함했어요."

무과에 급제한 뒤 북부 국경 지역에서 변방의 오랑캐들을 무찌른 공으로 1592년 경상우수사가 되었다. 그해 임진왜란이 일어나 왜의 대군이 밀려오자 경상좌수영 박홍이 달아나는 바람에 싸워 보지도 못하고 전멸했다. 원균도 왜군에 밀려 퇴각했는데 남아 있던 병력을 모아 전라좌도 수군절도사인 이순신의 함대에 합류했다.

하지만 해전에서 이순신과 생각이 달라 사이가 나빴는데 이순신이 삼도수군통제사가 되자 충청 병사로 전출되었다. 후에 이순신이 조정의 명령을 따르지 않았다는 이유로 파면되어 잡혀가자 1597년에 삼도수군통제사가 되었다.

정유재란 때 일본 수군과 칠천량 바다에서 전투를 벌였으나 대패해 전사했다. 이순신이 이룩한 수군의 대부분이 이때 무너졌다. 1604년에 이순신, 권율 등과 함께 일등 공신이 되었다.

류성룡(1542~1607년)

 "임진왜란 때 공을 세운 정치가로 《징비록》을 남겼어요."

명문 집안의 자손으로 아버지는 황해도 관찰사였다. 이황의 제자로 1566년 과거에 급제해 벼슬길에 올랐다. 1582년에는 대사헌이 되었고, 1591년에는 좌의정 겸 이조 판서로 승진해 형조 정랑 권율을 의주 목사로 추천하고, 정읍 현감 이순신을 전라 좌수사로 추천했다.

임진왜란이 일어나자 영의정 겸 병조판서를 겸했지만 나라를 그르친 죄가 있다는 탄핵을 받고 면직되었다. 그러나 의주에 이르러서는 다시 관직을 회복하고 명의 장수 이여송과 함께 평양성을 공격해 되찾았다. 파주까지 진격했으나 이여송이 왜군에게 패해 후퇴하는 바람에 한양을 되찾지는 못했다.

한양으로 돌아와 훈련도감을 설치했으며 명과 왜 사이에 휴전 협상이 있는 동안 군비를 확충하기 위해 노력했다. 1598년 조선이 왜와 함께 명을 공격하려 한다고 명의 장수가 고발하는 일이 벌어졌는데, 이를 기회로 북인들이 류성룡을 탄핵해 벼슬을 잃었다. 학문과 명필로 존경을 받았고 안동 병산서원에 모셔졌다.

《서애집》, 《징비록》 등의 저서가 있는데, 《징비록》은 임진왜란 연구에 귀중한 자료이다. 징비란, 내가 스스로를 징계해서 후환을 경계한다는 뜻으로 임진왜란에 대한 반성이 담겨 있다.

조헌(1544~1592년)

 "임진왜란 때 의병장으로 금산전투에서 전사했어요."

　1567년 과거에 급제하고 여러 지방에 수령으로 나가 선정을 펼쳤다. 나라의 정치가 잘못됐다고 생각하면 상소를 올렸는데 임금의 노여움을 사 귀양을 가기도 했다. 1591년 토요토미 히데요시가 조선에 사신을 보내 명을 치기 위해 조선의 길을 빌려달라는 요구를 하자 도끼를 지니고 상소를 하며 왜국 사신의 목을 치라고 주장했다.

　1592년 4월 임진왜란이 일어나자 옥천에서 의병 1600여 명을 모아 승병을 이끄는 영규와 함께 청주성을 되찾았다. 왜군 장수 고바야키가 전라도 공격을 위해 금산에 본부를 차리고 전주를 향해 군사를 보냈는데 이치에서 권율에게 저지당했다. 이때 조헌과 영규의 의병들이 금산 본부를 공격했다. 불과 700여 명의 병력으로 왜군과 싸우다 전멸했지만 왜군도 크게 타격을 입고 후퇴하여 전라도 침공을 단념했다. 이를 금산전투라 하고, 이때 목숨을 잃은 700의사의 무덤인 금산의 칠백의총이 성역화 되었다.

이순신(1545~1598년)

 "조선의 명장으로 임진왜란 때 일본 수군을 무찔렀어요."

몰락한 집안의 아들로 태어난 이순신은 4형제 중 3남이었으며 엄격한 가정교육을 받았다. 28세에 무과에 응시했는데 말에서 떨어져 다리를 다쳐 실패했다. 4년 후인 1576년 무과에 급제하여 벼슬을 했다. 주로 북쪽 국경의 여진족을 막는 군관으로 있었으며, 이후 전라도 지역에서 수령으로 일했다. 정읍 현감, 진도 군수 등을 지내다가 전라좌도 수군절도사가 되었는데, 이때 그의 나이 47세였다. 어릴 때 같은 동네에 살았던 류성룡의 추천이 힘이 되었는데, 너무 파격적인 승진이라서 조정에서도 말이 많았지만 선조가 이를 승인했다. 임진왜란을 막지 못한 선조지만 이 결정만큼은 전쟁의 승패를 가르는 중대한 것이었다.

1592년 4월 왜군이 쳐들어와 부산을 점령했을 때부터 이순신은 수군을 지휘하여 왜의 수군이 전라도 지방을 침범하지 못하도록 막았다. 그해 5월, 이순신이 85척의 함대를 이끌고 출진하여 옥포에서 노략질 중이던 왜선 30여 척을 공격해 그중 27척을 불태웠다. 이를 옥포대첩이라고 한다. 이후 고성과 사천에서도 왜군의 배를 침몰시켰는데, 이때 거북선의 활약이 뛰어났다고 한다.

7월에는 70여 척의 왜 배를 한산도 앞바다로 유인하여 학익진을 펼쳐 싸웠는데 대부분 침몰시키고 적장들도 많이 죽였다. 이를 한산대첩이라 부른다. 9월에는 부산포를 공격해 100여 척의 왜군 배를 격파했는데, 그 공으로 1953년 해군사령관인 삼도수군통제사가 되었다.

피란민들에게 농사를 짓게 하고 군비를 확충해서 전쟁에 대비했을 뿐 아니라 이순신이 전라도 지방을 막는 바람에 일본은 평양까지 진출한 군대에 물자를 공급할 수가 없었다.

이후 일본은 1597년 정유재란을 일으키면서 이순신을 모함했다. 이에 원균이 가세해 조정에서는 이순신을 죄인으로 압송했다. 이순신이 죄없이 고문을 당하는 동안 원균은 삼도수군통제사가 되어 싸움에 나섰다가 거제도 칠전량에서 전멸에 가까운 패배를 당했다.

원균이 패하자 조정에서는 어찌할 바를 몰랐는데 병조판서 이항복이 이순신을 다시 기용할 것을 강력히 주장하여 다시 삼도수군통제사가 되었다. 당시 수군에는 12척의 배 밖에 남지 않았는데, 이후 1척이 추가 되어 13척의 배로 명량에서 130척이 넘는 왜군과 싸워 적선 31척을 부수는 승리를 거뒀다. 이를 명량대첩이라 하는데, 이후 조선군은 다시 바다의 제해권을 되찾았다. 이순신이 이기자 백성들이 모여들어 둔전을 경작하고 소금을 생산해 수군은 다시 강해졌다. 1598년 도요토미 히데요시가 죽자 본국으로 퇴각하려는 왜군 배 500여 척을 명 해군과 함께 공격하여 막대한 피해를 입혔으나 이순신은 적이 쏜 총에 맞아 전사했다.

마지막 순간에도 "싸움이 바야흐로 급하니 내가 죽었다는 말을 삼가라."는 말을 남겼다고 한다.

유정(1544~1610년)

 "사명대사로 불리며 임진왜란 때 승병을 일으켜 싸웠어요."

　속세의 이름은 임응규로 밀양 출신이다. 어려서 유학을 공부하다가 부모가 모두 죽자 1559년 김천 직지사에서 출가하여 승려가 되었다. 직지사 주지를 지냈으며 묘향산의 서산대사를 찾아가 수도했다. 임진왜란이 일어나자 승려들로 군을 조직한 유정은 2000여 명의 병력으로 평양성 전투에 참가해 큰 공을 세웠고, 한양 인근에서 벌어진 전투에서도 공을 세웠다. 왜와의 협상에 대표로 나가 가토 키요마사와 네 차례 회담을 하면서 무리한 요구들을 물리쳤으며, 중간에 왜군의 동정에 대한 정보를 조선에 알려 대비하도록 했다.

　남한산성을 비롯해 전국에 여러 개의 산성을 쌓았고 투항한 왜군을 비변사에 보내 화약 제조법과 조총 사용법을 가르치게 했다. 1604년 선조의 명으로 일본으로 갔는데 외교적으로도 큰 성과를 거두고 조선인 포로 3000여 명을 데리고 귀국했다. 그 뒤 해인사에서 입적했다.

이원익(1547~1634년)

 "조선의 청렴한 정치가로 재산이 없었어요."

　1569년 과거에 급제해 벼슬길에 올랐는데 사람과 어울리는 걸 싫어하여 일이 없으면 집밖으로 나오지 않았다. 1587년 안주 목사가 되었을 때 흉년이 들어 백성들이 굶자 양곡 1만 석을 조정에 요구해 백성들을 구제했다. 또한 임진왜란 때에는 이여송과 함께 평양을 탈환한 공으로 숭정대부가 되었고 평양에서 군대를 관리했다.
　이후 여러 번 영의정이 되었으나 사직을 했고, 광해군 때에도 영의정이 되어 김육이 건의한 대동법을 경기도에 실시하게 했다. 임해군이 사형될 때 이를 말리다가 사직을 당했고, 인목대비를 폐위할 때는 반대 상소를 했다가 유배되기도 했다.
　인조반정 후 영의정이 되었는데 광해군을 죽여야 한다는 말이 나오자 자신은 광해군의 밑에서 영의정을 지냈으니 광해군을 죽이려면 자신도 떠나겠다고 하여 광해군의 목숨을 살렸다. 1624년 이괄의 난 때는 공주까지 왕을 호송했는데 그때 그의 나이 78세였다. 정묘호란 때는 왕과 왕자를 호위했다.
　이원익은 성품이 소박하고 소탈하여 과장이나 과시할 줄을 모르고, 책임감과 정의감이 투철했다. 다섯 차례나 영의정을 지냈지만 집은 두어 칸짜리 오막살이 초가였으며, 벼슬을 그만 둔 뒤에는 끼니를 이을 양식도 없었다고 한다.

선조(1552~1608년)

 "조선 제14대 왕으로 임진왜란이 일어나자 궁을 버리고 도망을 갔어요."

　중종의 손자로 명종이 후사를 남기지 못하고 죽자 1567년 왕이 되었다. 초기에는 사림파를 통해 나라를 안정시키기 위해 노력했다. 그래서 이황과 이이를 기용하여 당파 싸움이 일어나지 않도록 했는데 동인과 서인으로 갈린 신하들은 당쟁을 계속 벌였다.

　일본의 침략 의도를 알아보기 위해 1590년 통신사 황윤길과 부사 김성일을 보냈는데 돌아온 두 사람의 보고가 서로 달랐다. 조정에서 이렇게 당쟁으로 시간을 끄는 사이 왜군은 1592년 조선을 침략했다. 부산과 동래가 무너지더니 보름 만에 한양도 위태로워졌다. 신립이 이끄는 군을 보냈지만 충주 탄금대에서 전멸하고 왜군을 더 이상 막을 수가 없었다. 결국 선조는 한양을 포기하고 평양으로 갔다가 다시 의주로 피란했다.

　선조는 명에 구원병을 요청하고 광해군을 세자로 삼아 군대를 모았다. 초반에 형편없이 무너졌던 조선군도 반격을 시작했다. 하지만 반격에 나선 건 관군이 아니라 각지에서 일어난 의병들이었다. 바다에서는 이순신이 함대를 이끌고 왜의 수군을 공격해 제해권을 지켰다. 수군에 의해 바다가 막히고 육로도 의병에 의해 위협받게 된 왜군은 물자를 제 때 보급하지 못해 곤란을 겪기 시작했다.

　명에서 원군이 도착해 평양성을 되찾고, 권율이 행주산성에서 왜의 대군을 물리치자 왜군은 싸우지도 않고 남쪽으로 물러났다. 1593년 한양으로 돌아온 선조는 1594년에 훈련도감을 설치해 조총 사용하는 방법을 관군에게 가르쳤다.

　1597년 왜군이 다시 침입했는데, 이를 정유재란이라고 한다. 이때는 전쟁에 대한 준비가 되어 있어서 물리칠 수 있었다. 전쟁이 끝난 뒤 복구에 힘썼으나 흉년이 계속되고, 당쟁은 더욱 심해졌다.

곽재우(1552~1617년)

 "홍의장군으로 불린 의병장으로 임진왜란 때 왜군을 무찔렀어요."

　경상남도 의령 출신으로 1585년 34세에 과거에 2등으로 뽑혔지만 답안지 내용이 왕의 마음에 들지 않아 합격이 취소되었다. 결국 과거를 포기하고 농사를 지으며 살려고 했는데 임진왜란이 일어났다. 관군이 맥을 못 쓰고 계속 패배하자 의병을 모으기 시작한 곽재우는 의령에 의병 본부를 두고 현풍, 창녕, 진주까지 나아가 싸웠다. 스스로 하늘이 내린 홍의장군이라 부르며 빨간 옷을 입고 싸웠는데 전술에 능해 왜군들이 빨간 옷만 보면 달아났다고 한다. 2000여 명의 병력을 거느리고 강을 건너려는 왜군을 맞아 대승을 거두었고, 이 때문에 경상우도가 안전하게 보전되었다.

　1차 진주성 전투에도 참가하여 왜군을 물리치는 데 힘을 보탰다. 정유재란 때는 밀양, 영산, 창녕, 현풍 등 네 고을의 군사를 이끌고 창녕의 화왕산성을 지켜 왜장 가토 키요마사의 접근을 막았다.

　선조 때 여러 번 벼슬을 받았지만 사양하고 나가지 않았고, 광해군 때도 여러 번 벼슬을 권했지만 병에 걸렸다 하고 나가지 않았다. 저서로 《망우당집》이 있다.

김시민(1554~1592년)

 "임진왜란 때의 장군으로 진주대첩을 승리로 이끌었어요."

1578년 무과에 급제해 관직을 받았으며, 1583년 이탕개의 난 때 출전해 공을 세웠다. 1591년 진주 판관이 되었는데, 1592년 임진왜란이 일어났을 때 진주 목사가 죽는 바람에 김시민이 목사가 되었다. 진주는 군사적 요충지로 전라도로 가려면 반드시 지나야 하는 곳이었다. 진주 목사가 된 김시민은 피란 갔던 백성들을 모으고 무기를 정비했다.

왜군은 진수를 점령한 뒤 전라도로 진군하기 위해 주변의 군대를 모아 진주로 향했다. 이때 김시민, 곽재우를 비롯한 조선군은 왜군이 비우고 떠난 고성, 창원 등의 성을 다시 되찾았다. 그리고 의병장 김면과 함께 서쪽으로 이동하는 왜적을 물리치기도 했다.

조정에서는 김시민을 경상우도 병마절도사에 임명했고, 왜군은 10월에 진주성을 공격했다. 당시 왜군의 수는 2만여 명이었고, 진주성의 군사는 3800여 명에 불과했지만 김시민은 진주성을 굳게 지켰다. 결국 왜군은 많은 사상자를 내고 후퇴했다. 하지만 김시민도 적이 쏜 총에 이마를 맞아 병석에 누웠다가 숨을 거두었다. 김시민의 진주대첩은 이순신의 한산대첩, 권율의 행주대첩과 함께 임진왜란의 3대첩이라 한다.

논개(? ~ 1593년)

"임진왜란 때 왜군 장수를 껴안고 강에 떨어져 죽은 기생이에요."

　1593년 왜군은 진주성을 다시 공격했다. 진주성에서 김시민에게 당한 패배를 갚기 위해 도요토미 히데요시는 진주성 안의 생명은 가축까지도 모두 죽이라는 엄명을 내렸다.

　왜군은 3만 7000명의 병력을 동원하여 진주성을 공격했다. 이에 맞서 진주성에는 관군으로는 경상우병사 최경회, 충청병사 황진, 김해부사 이종인 등이 진주성으로 들어왔고, 김천일·고종후·강희열 등의 의병장들이 의병을 이끌고 왔다. 진주성의 주민들도 수만 명이 있었다고 한다. 6월 21일부터 왜군의 공격이 시작되어 6월 27일까지 치열한 싸움이 벌어졌다. 그러나 6월 29일 성벽이 무너지면서 결국 진주성이 함락되었고 왜군은 살아남은 백성들과 가축들까지 모두 죽였다고 한다. 하지만 왜군도 많은 인명 손실을 입어 곧 철군하고 말았다. 이때 논개는 진주성 촉석루에서 축하연을 벌이는 적장을 유혹해 껴안고 남강으로 몸을 던져 함께 죽었다.

이항복(1556~1618년)

 "임진왜란 때 왜적을 물리치기 위해 애쓴 문신이에요."

이항복은 9세 때 아버지를 여의고 홀어머니 밑에서 크면서 말썽도 많이 부렸다. 1580년 과거에 급제해 벼슬길에 올랐는데, 어떤 문제가 생겼을 때 일을 공정하게 처리해 사람들에게 칭찬을 받았다. 1590년에는 정여립의 옥사를 잘 수습하여 공신이 되었고, 1592년 임진왜란이 일어나자 왕과 왕비를 의주까지 무사히 호송하고 명에 군사 파병을 요청할 것을 주장했다. 그는 왜란을 겪는 동안 5번이나 병조판서에 오르면서 전란을 수습했을 뿐 아니라 명의 사신과 장수들을 접대하는 일을 전담하는 외교관으로도 탁월한 능력을 발휘했다.

광해군이 즉위하자 영의정 등을 역임하면서 광해군을 보좌했는데, 대북파의 공격을 받아 여러 번 사직하려 했지만 광해군이 이를 허락하지 않았다. 1617년 인목대비 폐서인 때 인목대비의 편을 들었다가 함경도 북청으로 유배되어 그곳에서 죽었다.

오성 이항복과 훗날 재상이 된 한음 이덕형과의 우정에 관한 일화는 지금까지 유명하다.

허균(1569~1618년)

 "최초의 한글소설인 《홍길동전》을 지었어요."

허균은 학문으로 이름 높은 집안 출신으로 허난설헌이 누이이다. 5세 때 글을 배우고 9세에 시를 지은 천재로 일찍 아버지를 여의고 류성룡에게서 학문을 배웠다. 26세에 과거에 급제하고, 3년 후 다시 장원을 하여 관직에 올랐다.

허균은 1604년 수안군수가 되었으나 불교를 믿는다는 이유로 탄핵을 받아 파직되었다. 또 1606년에는 명의 사신을 접대하는 종사관으로 공을 세워 삼척부사가 됐지만 또 파직되었다. 이후 광해군 대에 이르러 다시 벼슬을 했지만 역모를 꾀한 혐의로 처형되었다.

허균은 유학을 공부한 유학자였으나 불교와 도교에도 관심이 많았고, 잘못된 정치 때문에 고통 받는 백성들의 입장을 이해하려 했던 선각자였다.

《홍길동전》은 이런 백성의 입장에서 지배 계급을 비판한 소설이다. 특히 서자에 대한 차별을 비판한 것은 허균이 사회를 개혁해야 한다는 생각을 하고 있었다는 증거이기도 하다.

광해군(1575~1641년)

 "명과 청이 교체되는 시기에 조선을 위해 외교적으로 노력한 왕이에요."

　선조의 첫째 아들인 임해군이 세자가 되어야 하나 어질지 못하다는 이유로 광해군이 세자가 되었다. 임진왜란이 일어났을 때 선조가 의주로 피란을 가 있는 동안 광해군은 강원도와 함경도에서 왕을 대신해 병사를 모으며 정사를 돌봤다. 정유재란 때는 전라도에서 식량 조달과 군사 모병 등의 활동을 했고, 1608년 선조가 죽자 왕위에 올랐다.

　1608년 선혜청을 만들어 경기도에 대동법을 실시하고, 경작지를 넓혀 세금 수입을 늘렸다. 이 무렵 만주에서는 여진족이 후금을 세웠다. 명의 요청으로 후금과 싸우기 위해 1만 명의 군대를 파견했지만, 후금에게는 싸울 의사가 없음을 알리고 전투에 패한 척하고 항복하게 했다. 후금과 명의 싸움에서 조선을 보호하기 위해서였다. 1609년에는 일본과 외교를 재개했는데 이는 전란으로 약해진 조선이 회복할 시간을 벌기 위한 것이었다. 전쟁으로 불타버린《신증동국여지승람》,《용비어천가》등을 다시 간행하고,《국조보감》,《선조실록》을 편찬했다. 허균의《홍길동전》과 허준의《동의보감》도 이때 나왔다.

　광해군이 왕위에 오르기 전인 1606년 선조의 두 번째 왕비인 인목왕후에게서 영창대군이 태어났다. 그러자 광해군이 서자라는 이유로 영창대군을 세자로 세우려는 소북파와 광해군을 지지하는 대북파가 서로 싸우게 되었다. 결국 광해군이 왕이 되면서 대북파가 정권을 잡게 되었고 소북파 사람들은 귀양을 갔다. 인목대비도 궁에 갇히게 되었고, 영창대군은 귀양 보냈다가 죽였다.

　이렇게 대북파가 정권을 독점하자 이에 불만을 품은 서인들이 1623년 인조반정을 일으켰고, 광해군은 유배 생활을 하다가 죽었다.

윤선도(1587~1671년)

 "조선의 시인으로 〈어부사시사〉를 지었어요."

성균관 유생으로 있을 때, 광해군에게 이이첨 일당을 규탄하는 상소를 올렸다가 귀양을 갔다. 1628년 42세 때 문과 초시에 장원하여 봉림대군과 인평대군의 스승이 되었다. 병자호란이 일어났을 때 의병을 이끌고 강화도로 갔으나 왕이 항복했다는 소식을 듣고 보길도에 은거했다. 조상이 물려준 막대한 재산이 있었던 윤선도는 보길도에 아름다운 집과 정원을 가꾸며 살았다.

1651년에는 보길도를 배경으로 〈어부사시사〉를 지었다. 1652년에는 서원 철폐 문제로 송시열과 논쟁을 벌이다가 사직을 당했다. 1657년 다시 벼슬길에 올랐지만 효종의 장지 문제와 어머니인 조대비의 상복 문제로 서인인 송시열과 맞서다가 다시 사직을 당하고 유배되었다. 이후 보길도로 돌아와 85세에 죽었다.

윤선도는 여러 편의 한시와 시조를 남겼는데, 자연을 소재로 한 탁월한 작품이 많다.

임경업(1594~1646년)

 "조선 중기의 명장으로 이괄의 난을 진압했어요."

어려서부터 무예에 뛰어났고, 1618년 동생과 함께 무과에 합격했다. 이괄의 난 때 공을 세워 공신이 된 임경업은 그 후로 순탄하게 승진을 했다. 1627년 청의 1차 침입이 있었을 때 군대를 이끌고 한양으로 갔으나 이미 조선과 청이 협상을 해서 전쟁이 끝난 뒤였다.

1623년에는 명의 장군이 청과 내통하고 반역을 꾀하자 임경업이 명 군사들과 함께 공격해서 섬멸했다. 이 공으로 명 황제에게 상을 받고 총병이란 벼슬도 받았다. 또 백마산성을 지키기 위해 나라에서 은과 비단을 받아 무역을 통해 자금을 확보했으며, 성 주변에 둔전을 설치해 군사와 백성들이 먹고 살 길을 만들어 주었다.

1636년 병자호란 때 청의 군대는 임경업이 지키는 백마산성은 함락시키기 어렵다는 것을 알고 백마산성을 피해 한양으로 진격했다. 인조는 남한산성으로 피난했으나 결국 항복하고 말았다. 전쟁이 끝난 뒤 청 황제의 조카가 기병을 이끌고 돌아가는 것을 공격해 포로로 잡힌 우리 백성 120여 명과 말 60필을 빼앗았다.

이후 청은 명과의 전쟁에서 조선군을 동원해 줄 것을 자주 요구했다. 그때마다 임경업은 조선군을 이끌고 전쟁터로 나갔지만 몰래 명 군대와 연락하여 싸우지 않고 돌아오곤 했다.

결국 임경업이 명과 내통했다는 사실을 알게 된 청은 이 사실을 조선에 알렸고 조선은 임경업을 체포해서 청으로 보냈다. 그런데 중간에 임경업이 탈출해서 명으로 들어가 명의 장군이 되었다. 그러나 명은 멸망했고 임경업은 청으로 잡혀갔다. 청의 황제는 임경업의 능력을 높이 사서 투항시키려 했으나 조선에서 송환해 줄 것을 요구하여 다시 조선으로 왔다. 1646년 임경업은 조선에서 심문을 받다가 모진 고문을 이기지 못하고 53세에 죽었다.

인조(1595~1649년)

 "인조반정으로 광해군을 내쫓고 왕이 되었어요."

광해군이 영창대군을 죽이고 인목대비를 폐하자 이를 구실로 서인들이 반란을 일으켰다. 김류, 이귀, 이괄 등이 중심이 되어 인목대비로부터 인조를 왕으로 세우라는 허락을 받아 인조를 왕위에 올렸다. 이를 인조반정이라고 한다.

그런데 공신을 책정하는 데 있어 반정에 주도적 역할을 했던 이괄이 2등 공신이 되었다. 게다가 이괄이 반역을 꾀한다는 소문이 있어 이괄의 아들이 조사를 받게 되자 이괄이 반란을 일으켰다. 이괄은 1만여 명의 병사를 이끌고 진격해서 한양을 빼앗았지만, 곧바로 관군이 진압했다.

인조반정을 성공시킨 세력들은 중립 정책을 썼던 광해군과 달리 청에 적대적이었다. 이런 조선의 자세는 1627년 청이 조선을 침략하게 한 원인이 되었다. 청이 3만 명이나 되는 대군을 이끌고 침입해 의주를 함락시키자 인조는 강화도로 천도하고 협상을 벌여 서로 형제의 예로 대하기로 하고 청군을 돌려보냈다. 하지만 청이 다시 군신의 예의로 바꾸자고 요구하자 조선이 이를 거부했다. 그러자 청은 10만 대군을 이끌고 다시 침입했다.

인조는 남한산성으로 피신을 했고, 계속 싸우자는 측과 화의를 맺자는 측이 대립하다가 결국 청에 항복했다. 청은 소현세자와 봉림대군을 볼모로 잡아갔는데, 인조는 나중에 돌아온 소현세자를 의심해 독살시켰다는 의심도 받고 있다. 소현세자가 죽은 뒤 세자비와 그의 두 아들까지 죽였다.

소현세자(1612~1645년)

 "인조의 맏아들로 청의 새로운 문물을 받아들이는 데 힘썼어요."

정유재란 때는 전라도에서 민심을 수습하고 병자호란 때는 강화도로 피신했다가 청에 볼모로 잡혀갔다. 청의 수도인 심양에 있으면서 청과 조선의 외교적인 일을 해결하려고 노력했다. 청이 무리한 요구를 하면 조선은 인조가 병중이라 할 수 없다고 맞섰는데 그때마다 청은 세자에게 대신 결정을 하라고 다그치곤 했다. 이는 조선에 있는 인조와의 관계에 나쁜 영향을 끼쳤다. 소현세자가 청의 황족 및 상류층과 친분을 맺자 조선에서는 청이 인조를 물러나게 하고 소현세자를 왕으로 삼을까봐 걱정을 했다.

이처럼 소현세자가 청과 친하게 지내는 일이 조선에서는 걱정거리였다. 게다가 식솔들을 먹여 살리기 위해 사무역을 하기도 했는데, 이 역시 인조의 눈 밖에 났다. 특히 인조와 소현세자의 사이를 갈라놓은 것은 인조의 후궁인 조소용이었다. 조소용이 갖은 모략을 해 인조가 소현세자를 경계하게 했다. 1645년 9년간의 인질 생활을 마치고 소현세자가 돌아왔지만 인조는 소현세자가 신하를 만나지도 못하게 했다. 그리고 조소용의 일가인 어의가 소현세자를 돌보기 위해 임명됐는데 돌연히 소현세자가 죽었다. 증세로 보아 독살이었는데 이는 인조가 시킨 것이라는 추측이 돌았다. 이후 세자빈과 두 아들도 죽임을 당했다.

효종(1619~1659년)

 "병자호란의 치욕을 갚고자 북벌을 추진한 왕이에요."

　인조의 둘째 아들로 1626년 봉림대군에 봉해졌다. 1637년 조선과 청이 강화를 맺자 형 소현세자와 항복에 반대했던 신하들과 함께 청에 볼모로 잡혀갔다. 1645년 조선에 돌아온 소현세자가 갑자기 죽어 세자가 되었고, 1649년 인조가 죽은 뒤 왕위에 올랐다.

　청을 원수로 여겼던 효종은 청을 공격하는 북벌을 계획했다. 먼저 친청파인 김자점 등을 파직시켰고, 김상헌·김집·송시열·송준길 같은 북벌론자들과 함께 군사력을 키웠다. 중앙군을 기병화하면서 수도 늘렸고, 한양의 외곽에 대한 방비도 튼튼히 했다. 지방군도 훈련을 강화했다.

　마침 표류해 온 네덜란드인 하멜을 훈련도감으로 불러 화약 무기를 보강하게 했다. 이러한 효종의 군비 확충은 재정 지원이 따르지 못해 원하는 만큼 이룰 수가 없었다.

　한편 효종은 김육의 건의를 받아들여 대동법을 실시했으며 세금을 고정시켜 백성들의 부담을 덜어주었다. 김육의 건의로 상평통보도 만들어 유통시켰는데, 이는 모두 임진왜란과 병자호란으로 인해 어려워진 나라를 회복시키고 북벌을 하기 위한 비용을 만들기 위해서였다.

　이처럼 효종은 북벌을 추진했지만 청은 점점 더 강력해져 갔고, 조선은 전쟁을 치를 경제력이 없었다. 결국 효종의 북벌은 시행되지 못했다.

1724년
영조 즉위,
탕평책 실시

1762년
사도세자,
뒤주에 갇혀
죽음

1776년
정조 즉위

1794년
화성 건립
시작

1801년
신유박해

1882년
임오군란

1884년
우정국 설치,
갑신정변

1894년
동학농민운동,
갑오개혁

1895년
을미사변

1896년
아관파천

1897년
대한제국
성립

조선 후기 ~ 광복

- **1811년** 홍경래의 난
- **1860년** 최제우, 동학 창시
- **1861년** 김정호, 〈대동여지도〉 제작
- **1863년** 고종 즉위, 흥선 대원군 정권 장악
- **1866년** 병인양요
- **1876년** 강화도 조약 체결
- **1905년** 을사조약 체결
- **1907년** 헤이그 특사 사건, 고종 퇴위
- **1909년** 안중근, 이토 히로부미 저격
- **1910년** 한일 병합 조약, 국권 빼앗김
- **1919년** 3·1 만세 운동, 상해 임시 정부 수립
- **1920년** 김좌진, 청산리 전투 승리
- **1932년** 이봉창, 윤봉길 의거
- **1945년** 8·15 광복

숙종(1661~1720년)

 "대동법을 실시하고 화폐를 유통해 나라를 안정시켰어요."

현종의 외아들로 1674년 13세의 어린 나이에 왕위에 올랐다. 숙종은 대동법을 전국에 확대 실시했으며, 양전 사업을 완성했다. 양전 사업은 전국의 토지를 조사하여 등록하고 세금을 징수하는 것이다. 상업이 발전하면서 상평통보를 만들어 전국에 유통하게 했는데, 이는 조선 후기의 상업 발달에 중요한 역할을 했다.

이처럼 숙종 때 경세적으로는 안정을 이루었으나 정치적으로는 당쟁이 심했다. 희빈 장씨를 총애해 인현왕후를 내쫓고 장씨의 왕자가 세자가 되는 것을 서인이었던 송시열은 강력하게 반대했다. 왕과 왕비가 아직 젊기 때문에 충분히 왕자를 생산할 수 있다는 이유를 내세웠지만, 사실은 희빈 장씨가 남인과 가까웠기 때문에 반대를 했던 것이다. 이에 숙종은 송시열의 관직을 빼앗은 뒤 변방으로 내쫓고, 주요 관직을 남인으로 교체했다.

하지만 숙종 중반에 희빈 장씨가 숙빈 최씨를 독살하려 했음이 밝혀져 남인은 모두 관직에서 쫓겨났다. 게다가 인현왕후의 죽음에 희빈 장씨가 관련되었음을 알고 숙종은 희빈 장씨에게 사약을 내렸고, 조정은 다시 서인이 주도하게 되었다.

숙종은 임진왜란 이후 쇠약해진 나라를 복구하는 데 힘썼으며, 일본과는 통신사를 보내 평화롭게 지냈다. 또한 울릉도에 왜인이 출입하지 못하게 해 우리 영토임을 확인시켰다.

정선(1676~1759년)

 "조선 후기를 대표하는 화가로 《금강전도》, 《인왕제색도》 등을 남겼어요."

 한양에서 태어난 몰락한 양반 집안의 자손이었다. 어려서부터 그림을 잘 그려 김창집의 도움으로 관직에 올랐다. 여러 지방의 수령으로 그곳에서 본 것들을 그림으로 그렸고, 한양의 사계절 풍경도 잘 그렸다.
 또한 중국의 그림과는 다른 우리만의 고유한 풍경을 그려 내는 화법을 진경산수라 하는데, 고려 때부터 시작된 것을 정선이 확립했다.
 독특한 화법으로 그린 정선의 그림은 최북, 김홍도 등 선비나 직업 화가 모두에게 크게 영향을 주어 한국 실경 산수화의 흐름을 잇게 했다.

영조(1694~1776년)

 "숙종의 아들로 왕이 되어 균역법을 시행했어요."

숙종의 둘째 아들로 어머니의 신분이 낮아 왕이 될 수 없는 조건이었다. 그런데 숙종의 뒤를 이어 왕이 된 경종이 몸이 약해 후손이 없었다. 이에 노론의 지지를 받아 세자가 되었다. 그런데 그를 밀던 노론 세력이 소론에 밀려 정권을 잃는 바람에 언제 세자의 자리에서 밀려날지 모르는 상태가 되었다. 하지만 경종의 보호로 자리를 지켜 1724년 왕이 되었다.

왕이 된 영조는 당파 싸움을 막기 위해 탕평책을 실시했다. 이느 힌 피벌에 벼슬을 몰아 주지 않고 여러 파의 사람들을 골고루 기용하는 것이었다. 영조는 노론, 소론뿐 아니라 남인, 북인들도 관직에 기용했다. 이런 시책들이 효과를 거두어 왕권이 안정되었다.

조선의 양민과 천민들은 나라에 노동력을 제공해야 하는 의무와 군사적인 의무가 있었다. 이것을 양역이라고 하는데, 이를 대신하려면 베 2필을 바쳐야 했다. 영조는 균역법을 실시해 이를 1필로 줄이고 부족한 부분은 숨겨진 토지를 찾아내 세금을 물렸다. 양반층에게는 선무군관이란 관직을 주고 세금을 내게 했다. 이는 결국 서민의 세금을 줄이고 양반에게 부족한 부분을 거둔 모양이 되었다.

또한 영조는 법률을 엄하게 적용해 고문 등을 금하고 반드시 세 번 재판을 받게 했으며, 신문고도 부활시켜 백성의 소리를 들으려 노력했다. 군사 조직도 개편하고 신무기를 개발했으며 새로운 성들도 쌓아 국방을 튼튼히 했다.

영조는 학문에도 관심이 많아 이황의 말을 담은 《퇴도언행록》, 경국대전을 보완한 《속대전》 등을 냈으며, 1770년에는 우리나라 최초의 백과사전인 《동국문헌비고》를 간행했다.

영조는 52년 간 왕위에 있으면서 국정을 안정시키고 민생을 돌보는 등 많은 공적을 쌓았지만 개인적으로는 아들을 죽이는 실수를 저지르기도 했다. 1765년에 외아들인 사도세자를 뒤주 속에 가둬 죽였는데, 탕평책 속에 숨어 있던 당파 싸움으로 일어난 사건이었다. 영조는 훗날 세자를 죽인 것을 후회하며 세자의 아들인 정조를 세자로 삼아 왕위를 물려주었다.

이익(1681~1763년)

 "실학의 토대를 마련한 학자로《성호사설》을 남겼어요."

이익은 평생 벼슬을 하지 않고 학문을 연구했는데, 그 이유는 아버지가 귀양을 가서 죽었고, 둘째 형도 장희빈을 두둔하는 상소를 올렸다가 옥에 갇혀 죽었기 때문이다.

이익은 주자학에서 벗어나 세상을 다스리는 데 도움이 되는 학문을 하여야 한다고 생각했다. 그래서 서양의 학문과 청의 발달된 문물에 관심을 가졌다. 특히 유형원의 학풍을 계승하여 이전에 학자들이 공부하지 않았던 천문·지리·율산·의학에 이르기까지 공부했고, 직접 농사를 짓는 동안 토지의 중요함과 농경의 고귀함을 깨달아 이를 학문의 바탕으로 삼았다.

그래서 이익은 양반도 벼슬에만 목을 매지 말고 고향으로 돌아가 농사를 지어야 한다는 사농합일을 주장했다. 그리고 윤리에 어긋나지 않으면 상업에도 뛰어들어야 한다고 했다.

또한 당시 사회와 관료 제도를 비판했는데, 당파 싸움은 한정된 자리에 너무 많은 양반이 매달리기 때문에 생기는 자연스러운 현상이라고 주장했다. 양반의 숫자는 점점 늘어나는데 관직은 한정되어 있어 관직 하나당 8, 9명이 경쟁해야 한다는 것이다. 그러다 보니 무리를 지어 싸우게 된다는 이치였다.

이익은 83세에 병으로 죽었는데 가난하여 땅은 하나도 없었고, 오래된 노비 한 사람만 남아 있었다고 한다. 저서로《성호사설》등이 있다.

사도세자(1735~1762년)

 "영조의 외아들로 세자였으나 역모를 꾀했다는 죄로 뒤주에 갇혀 죽었어요."

정조의 아버지이며, 부인은 영의정 홍봉한의 딸로 《한중록》을 남긴 혜경궁 홍씨이다. 영조가 40이 넘어서 본 귀한 아들로, 2세 때 세자가 되었는데 어려서부터 머리가 좋아 3세 때 이미 왕과 신하들 앞에서 《효경》을 외우고, 7세에 《동몽선습》을 떼었다.

주변에 있는 소론 신하들의 영향을 받아서 집권 세력인 노론과 사이가 나빴다. 1749년 영조를 대신해 정치를 맡았는데 노론과 정순왕후 등이 세자의 잘못을 영조에게 말해 여러 번 영조에게 꾸지람을 들었다. 이에 정신병이 들어 갑자기 성격이 난폭해져 궁녀를 죽이고 몰래 왕궁을 빠져나가 평양을 여행하기도 했다.

1761년 노론의 사주를 받은 나경언이 세자의 비행을 적은 상소를 영조에게 올렸다. 영조는 세자에게 스스로 목숨을 끊을 것을 명했지만 이를 듣지 않자 뒤주 속에 가두고 물과 음식을 주지 못하게 했다. 8일 후 세자는 뒤주 속에서 죽었다. 훗날 영조는 아들을 죽인 것을 후회하다가 손자인 정조를 세자로 삼아 왕위를 물려주었다.

혜경궁 홍씨(1735~1815년)

 "사도세자의 부인으로 정조의 어머니예요."

영의정을 지낸 홍봉한의 둘째 딸로 태어나, 10세 때 세자빈으로 간택되었다. 그때까지 미미한 벼슬을 하던 홍봉한은 이후 과거에 급제하면서 높은 관직에 올랐는데 세자와 영조 사이가 벌어져 중간에서 많은 고생을 했다. 사도세자가 뒤주 속에서 죽었을 때 혜경궁 홍씨는 세자의 편을 들지 않고 세자를 죽게 한 영조의 편을 들었다. 이는 남편을 포기하고 아들을 지키려는 생각이었지만 후에 냉정한 여인이란 비판을 받게 된다. 남편을 죽인 영조와도 좋은 사이를 유지해서 결국 아들 정조가 왕위에 올랐다.

혜경궁 홍씨는 궁에서 있었던 일들을 기록으로 남겼는데 이것이 《한중록》이다. 왕위에 오른 정조는 혜경궁 홍씨의 반대를 무릅쓰고 아버지 사도세자를 죽인 혜경궁 홍씨의 친정 집안을 벌주었다.

정조(1752~1800년)

 "조선의 제22대 왕으로 개혁 정치를 편 왕이에요."

사도세자의 아들로 11세의 어린 나이에 아버지가 뒤주 속에서 죽는 것을 지켜보았다. 사도세자가 죽은 뒤 할아버지 영조가 세자로 삼았고, 1775년부터 왕을 대신해 정사를 돌보다가 다음해 영조가 죽자 왕위에 올랐다. 왕이 될 때까지 홍국영의 도움을 많이 받았지만 홍국영이 권력을 잡은 뒤에 세도정치를 하자 그를 내쫓았다.

정조는 처음엔 왕실의 도서관이었던 규장각을 정권의 핵심 기관으로 키웠다. 규장각에 소속된 신하들은 왕과 긴밀한 관계를 유지했으며, 1779년에는 검서관이란 직제를 만들어 지식은 있으나 벼슬을 하지 못했던 서자 출신들을 기용했다. 특히 실학에 관심이 많았던 정조는 박지원의 제자인 이덕무, 유득공, 박제가 등을 기용하여 서자라는 신분적인 제한 때문에 자신의 기량을 발휘하지 못했던 인물들에게 기회를 주었다.

또한 정조는 정약용을 중심으로 계획 신도시인 화성을 만들고 아버지의 묘를 이장시켰다. 도읍을 옮기려는 생각도 있었지만 실행하지는 못했다. 정조의 갑작스런 죽음으로 화성을 통해 이루려던 개혁이 역사 속으로 사라진 것이다. 49세의 젊은 나이에 병으로 죽었는데 독살이라는 말도 있다.

김홍도(1745년~?)

 "정조 때의 화가로 산수화와 풍속화를 그렸어요."

김홍도는 당대의 문인 화가인 강세황의 추천으로 궁의 화가들이 일하는 도화서 화원이 되었다. 영조와 정조의 초상화를 그렸고, 1788년에는 왕명으로 금강산과 강원도 해안 지방을 여행하며 명승지를 그려 바쳤다. 정조의 총애를 받았고 한국적인 산수화를 추구하여 그만의 화풍을 확립했다.

후기에는 풍속화를 많이 그렸는데, 조선 후기 서민들의 생활상이 해학적으로 잘 표현되고 있다. 그의 화풍은 이후 신윤복, 김득신 같은 후배 화가들에게 큰 영향을 끼쳤다. 국보인《군선도병》, 보물인《단원풍속화첩》등이 전해진다.

박지원(1737~1805년)

"실학의 선구자로 《열하일기》, 《허생전》, 《양반전》 등을 지었어요."

학문에 뛰어났으나 과거에 급제하지 못하자 벼슬에 대한 생각을 접었다. 1780년 친척이 청에 사신으로 가게 되자 이를 수행하여 북경을 다녀왔는데, 이때 쓴 기행문이 《열하일기》이다. 이 책에서 박지원은 발달한 청의 문화를 들여와 조선을 개혁해야 한다고 주장했다. 이를 북학사상이라고 하는데 실학의 기초가 되었다. 또한 토지 제도를 개혁하고 화폐를 유통시키자고 했으며 상업을 발전시켜야 한다고 주장했다.

《허생전》과 《양반전》은 조선 사회의 모순과 개혁에 대한 생각들이 담겨 있다. 문집으로 《연암집》이 있다.

박제가(1750~1805년)

 "실학자로 《북학의》를 썼어요."

어려서부터 시, 서, 화에 뛰어나 이름을 떨쳤다. 시인으로 청까지 이름이 알려지게 되어 1778년 사신을 따라 청에 가서 청 학자들과 교류하고 돌아와《북학의》를 썼다. 이 책에서 그는 조선보다 발달한 중국과 서양의 문물을 받아들이고 상업을 발달시켜 경제력을 키워야 한다고 주장했다.

1779년 정조는 규장각의 검서관직을 만들어 서자 출신의 학자들을 기용했는데 박제가노 그때 검서관이 되있다. 규장각의 책을 읽고 학문을 연구하며 많은 책을 간행하는 일을 했다.

정약용(1762~1836년)

 "조선의 개혁을 주장한 대표적인 실학자예요."

양주 출신인 정약용의 가문은 여러 대 동안 벼슬을 하지 못하다가 아버지가 진주목사를 지냈으나 그 역시 과거를 통한 것이 아니었다. 정약용은 1789년 과거에 급제하여 벼슬을 하기 시작했는데, 정조의 각별한 신임을 받는 신하로서 1789년에는 한강에 배다리를 놓고, 1793년에는 수원 화성을 설계했다.

이렇게 승승장구 하던 정약용에게 시련이 닥친 것은 천주교 탄압이 시작되면서부터이다. 천주교 신자였던 정약용은 결국 1801년 귀양을 가게 되었다. 이후 1818년까지 유배 생활을 하면서 유학과 실학을 연구하여 수많은 책들을 저술했다. 특히 유배에서 풀려난 뒤 고향에서 세상을 떠나는 1836년까지 약 500여 권의 책을 남겼는데, 이를 정리한 것이 《여유당 전서》이다.

그중 1표 2서가 중요한 저술로 꼽히는데, 《경세유표》는 조선을 개혁하자는 내용으로 정치 제도, 경제 제도 등 사회 전반적인 개혁의 필요성을 주장하고 있다. 《목민심서》는 지방 관리들이 알아야 할 지방 행정에 관한 지식과 부정부패를 막는 법에 대해 다루고 있다. 《흠흠신서》는 법률에 관한 것으로 관리들이 알아야 할 법 지식과 실제 판례들을 들어 설명했다.

19세기의 조선은 세도 정치가 나타나면서 지방 관리들의 부정부패가 극심한 시절이었다. 정약용은 이런 조선 사회를 개혁하기 위한 정치, 경제, 사회, 국방 등 모든 분야에 대한 문제점과 해결책을 보여주었다. 그래서 실학 사상의 집대성자이자 조선 후기 사회가 배출한 대표적 개혁 사상가로 평가받고 있다. 하지만 많은 시간을 유배 생활로 보냈기 때문에 이를 시행하지는 못했다.

김정희(1786~1856년)

"실학자이며 예술가로 추사체와 《세한도》를 남겼어요."

　예산 출신인 김정희의 가문은 조선에서도 손꼽히는 명문가로 왕실과도 친척이었다. 병조판서인 아버지의 맏아들로 태어나 1819년 과거에 급제했다. 어려서부터 총명하여 당대의 학자인 박제가의 제자가 되었고, 스승의 영향으로 북학에 관심을 가지게 되었다. 24세 때 아버지를 따라 청에 갔는데, 이곳에서 청 최고의 학자들과 교류하며 고증학을 배웠다.

　여러 벼슬을 하다가 1830년 한 번 유배를 다녀왔으나 나시 관직에 복귀하여 성균관 대사성 같은 고위직에 올랐다. 하지만 1840년 다시 제주도로 유배되었다가 1948년에야 풀려 난 김정희는 당시 세도 정치를 펴던 안동 김씨와 대립하여 더 이상 벼슬을 하지 못하고 과천에서 살다가 죽었다.

　김정희는 고증학 중에서도 특히 금석학에 조예가 깊어 북한산 순수비를 발견하고 이를 연구했다. 또한 어려서부터 명필로 유명했는데 청에 가서 중국 명필들의 글씨를 보고 스스로 독창적인 글씨체를 개발했다. 이를 추사체라고 한다. 그림은 난초를 잘 그렸으며, 꾸미지 않고 담담하게 그린 그림으로는 《세한도》가 유명하다.

김정호(? ~ 1866년)

 *"지리학자로 대동여지도를 만들었어요."*

김정호는 황해도에서 태어났으며 양반이 아닌 평민으로 추정된다. 당시 개인이 지도를 제작하는 일은 법으로 금지되어 있었는데 김정호는 전국을 돌아다니며 지도를 만들었다. 하지만 평민 신분인 김정호가 전국을 직접 돌아다니며 지도를 만들기는 불가능한 일이라는 추측도 나오고 있다.

실제로 김정호가 〈대동여지도〉를 만들기 위해 사용했던 방법은 기존에 있던 지도와 지리서들을 연구하고 그 장점들을 모아 정리한 것으로 추측된다. 김정호가 지도를 만드는 데 많은 도움을 준 것으로 알려진 최한기도 〈청구도〉 머리말에 김정호가 어릴 때부터 지리학에 뜻을 두고 오랫동안 자료를 찾아서 지도 만드는 모든 방법의 장단점을 자세히 살폈다고 말했다.

1861년 〈대동여지도〉가 드디어 완성되었고, 이 지도는 16만 분의 1의 축척으로 만든 상세한 지도였다. 오늘날의 지도와 비교해 봐도 손색이 없다고 한다.

흥선 대원군(1820~1898년)

 "고종의 아버지로 권력을 잡고 쇄국 정책을 펼쳤어요."

왕족이었으나 어린 시절 부모를 잃고 불우한 시절을 보냈다. 1843년 흥선군이 되었지만 당시 세도 정치를 펴던 안동 김씨의 눈치를 보며 시장 바닥에서 깡패들과 어울려 사람들의 비웃음을 샀다.

하지만 그것은 안동 김씨의 감시를 벗어나려는 작전이었다. 몰래 왕궁의 최고 어른인 조대비와 만나 뜻을 모았고, 안동 김씨에게 원한이 있던 조대비는 철종이 죽자 흥선군의 아들을 왕으로 지명했다. 1863년 12세인 아들이 왕위에 오르자 흥선군은 대원군이 되어 정권을 잡았다.

흥선 대원군은 안동 김씨의 세도 정치를 막고 왕권을 강화했으며, 지방 호족들의 근거지인 서원을 정리했다. 또 각종 세금을 없애고 탐관오리를 처벌했으며, 양반도 세금을 내도록 했다. 왕권의 과시를 위해 경복궁을 다시 짓는 큰 공사를 벌였는데, 이때 무리하게 공사를 진행해 원성을 들었다. 또한 천주교 박해로 6년간 8000여 명의 천주교 신자들을 죽였고, 이를 구실로 프랑스와 미국의 배가 조선을 침략했는데 통상을 거부하는 쇄국 정책으로 맞섰다.

고종의 부인을 정할 때 외척이 세력을 부리지 못하도록 하기 위해 몰락한 양반인 민씨의 딸을 며느리로 맞이했는데 왕비가 된 민씨는 흥선 대원군과 계속 대립했다. 1873년 신하들이 왕이 정치를 직접할 것을 상소하자 민비는 이를 기회로 흥선 대원군을 물러나게 했다. 이후 1882년 임오군란 때 다시 정권을 잡게 되었지만, 청에서 보낸 군대가 흥선 대원군을 청으로 잡아가 3년 동안 가두었다.

그 후에도 여러 세력과 손을 잡고 다시 집권하려 했지만 실패했다.

김대건(1821~1846년)

 "우리나라 최초의 천주교 신부예요."

충청남도 당진 출신으로 증조부부터 독실한 천주교 신자였던 가문이다. 증조부와 아버지도 순교했다.

1831년 신학생으로 마카오에 있는 파리외방전교회에 가게 되었고, 그곳에서 철학과 신학 과정을 이수했다. 1844년 부사제가 되었으며, 1845년 귀국해서 천주교회를 수습하고 다시 상해로 가 페레올 주교의 집전으로 우리나라 최초의 신부가 되었다. 서울로 돌아와 선교 활동을 펴다가 1846년 체포되었다. 조선 조정은 9월 16일 새남터에서 김대건을 처형했는데, 그의 시체는 신자들이 거두어 경기도 안성에 안장했다. 1925년 로마교황 비오 11세에 의해 복자가 되었고, 1984년 성인으로 선포되었다.

최제우(1824~1864년)

 "조선 말기 종교 사상가로 동학을 창시했어요."

어려서부터 총명하여 유교 경전과 역사서를 공부했지만 오랫동안 벼슬을 하지 못한 몰락한 양반의 후손이었다. 집안 살림이 어려워 떠돌아다니면서 장사를 했으며 의술과 점술에도 관심을 보였다. 서당에서 글을 가르치기도 했는데, 1860년 수도 중에 하늘과 접신하여 종교적 신념을 펼치게 되었다.

최제우는 서양으로부터 들어온 서학(천주교)에 대항하여 세상과 나라를 구하려는 뜻을 품고 예로부터 내려오던 한울님 숭배 사상과 유, 불, 도의 가르침을 바탕으로 동학을 창시했다. 최제우는 득도 이후 포교를 시작했고, 동학의 경전인 《동경대전》과 《용담유사》를 만들었다. 한문으로 된 《동경대전》은 지식인을 위한 것이고, 가사체로 된 《용담유사》는 한문을 모르는 백성을 위한 것이었다.

평등을 외치는 동학에 많은 사람들이 몰리자 조정에서는 동학을 탄압하게 되었고 최제우도 피신을 했다. 피신 중에 동학에 대한 책들을 썼고, 1862년 경주로 돌아와 포교를 하다가 관에 잡혀갔으나 수백 명의 제자들이 죄가 없음을 호소하여 풀려나게 되었다. 그 뒤 교세가 더욱 확장되어 경상도, 전라도, 충청도, 경기도까지 교인들이 늘어났다. 이때 제자인 최시형을 2대 교주로 삼았다. 이후 최제우는 경주에서 체포되어 대구에서 사형을 당했다.

김홍집(1842~1896년)

 *"조선의 개혁 정치가로 갑오개혁을 주도했어요."*

　1867년 26세의 나이에 문과에 급제했던 김홍집은 1880년 제2차 수신사로 임명되어 일본에 사신으로 다녀왔는데, 그때 《조선책략》이라는 책을 가지고 왔다. 이 책은 러시아의 남하 정책에 대비해 조선, 일본, 청이 서로 도우며 평화를 유지해야 한다는 내용을 담고 있다. 하지만 《조선책략》은 개화파와 위정척사파의 대립을 부추기는 결과를 낳았다.

　일본, 미국, 독일 등과 통상 협상을 할 때 조선의 대표로 참여했던 김홍집은 온건 개혁파로 1884년 급진 개혁파들이 벌인 갑신정변이 실패하자 조선의 개혁 정치를 이끌었다. 1894년 군국기무처가 설치되고 총재관이 된 김홍집은 갑오개혁을 추진했다. 갑오개혁은 조선의 제도를 개혁하는 것으로, 과거제를 폐지하고 새로운 관리 임용법을 실시하고 신식 화폐 제도를 채택하는 등 200여 건이 넘는 제도를 개혁했다.

　을미사변이 일어나 왕비가 살해되었을 때 제대로 대처하지 못해 친일파로 미움을 받다가 1896년 아관파천이 일어난 뒤 광화문 앞에서 성난 군중들에 의해 목숨을 잃었다.

김옥균(1851~1894년)

 "급진 개혁파로 갑신정변을 주도했어요."

　박규수에게서 개화 사상을 배운 김옥균은 1872년 과거에 급제하고, 1874년 홍문관 교리가 되었다. 개혁에 뜻이 있는 사람들과 개화당을 만들었고, 1881년 일본으로 가 근대화를 시찰했다. 일본이 영국과 손을 잡고 강대국이 되었듯이 우리도 개혁을 단행해 강대국이 되어야 한다고 주장했다.

　또한 양반 제도를 폐지하고 신문명을 받아들여야 한다고 했는데, 청에서는 이런 김옥균의 생각이 청에 대항하는 것이라 생각했다. 이에 친청파인 민씨 정권은 개화당을 탄압했다. 1884년 청이 프랑스와 베트남에서 전쟁을 벌여 서울에 주둔하던 청군이 대거 빠져나가자 개화파들은 정변을 준비했다. 그리고 드디어 1884년 12월 4일 조선군과 일본군을 동원해 정변을 일으켜 수구파 대신들을 죽이고 새로운 정권을 수립했다. 이를 갑신정변이라 한다.

　새 정권은 혁신안을 발표했지만, 청의 군대가 바로 공격해 들어오는 바람에 정변은 3일 만에 끝이 났다. 김옥균은 일본으로 망명했지만 일본은 그를 외딴 섬으로 귀양 보냈다. 1894년 연금에서 풀려 상해로 갔지만 조선에서 보낸 자객 홍종우에 의해 암살당했다.

명성황후(1851~1895년)

 "고종의 왕비로 반일 정책을 펴다가 일본 자객에게 살해되었어요."

여주에서 어린 나이에 부모를 잃고 고아가 되었다. 고종이 왕이 된 지 3년 되던 해인 1866년에 왕비로 간택되어 궁으로 들어갔다. 흥선 대원군은 외척이 세도를 부리는 일을 막기 위해 일부러 몰락한 집안의 딸을 왕비로 들였다고 한다.

하지만 왕비는 호락호락하지 않았다. 노론 세력과 손을 잡고 시아버지인 흥선 대원군에 대항하기 시작했다. 결국 흥선 대원군의 대리 정치를 끝내게 하고 양주로 보냈다. 흥선 대원군이 떠난 뒤 민씨는 자신의 가문 사람들을 기용하고 일본과 강화도 조약을 맺고 개화 정책을 폈다. 그런데 이런 정책에 불만을 품은 군인들이 폭동을 일으켰고, 왕비까지 죽이려 했는데 왕비는 이미 궁을 탈출해 충주로 피신했다.

군인들에 의해 흥선 대원군은 다시 정권을 잡게 되었고, 왕비는 청에 군사를 보내 줄 것을 요청했다. 결국 청 군대가 들어와 흥선 대원군을 청으로 잡아가고 왕비는 다시 궁으로 돌아올 수 있었다.

청의 도움으로 다시 정권을 잡은 왕비 일파는 이제 친청파가 되어 일본의 영향을 받는 개화파와 대립하게 되었다. 1884년 갑신정변이 일어났을 때도 청의 도움으로 재빨리 진압할 수 있었다. 하지만 동학 농민 운동이 일어나 나라가 어지러워지자 일본은 흥선 대원군을 움직여 왕비에 대항하게 했고, 청일 전쟁에서 승리한 뒤에는 조선에서 청을 내쫓아버렸다.

사태가 불리해지자 왕비는 러시아를 끌어들여 일본에 대항하려 했다. 하지만 1895년 8월 일본 공사 미우라의 지시를 받은 일본군과 일본인 자객들이 궁으로 쳐들어가 왕비를 죽이고 시신을 불태웠다. 이를 을미사변이라고 하는데 당시 왕비의 나이 45세였다.

고종(1852~1919년)

 "조선의 제26대 왕으로 대한제국의 황제가 되었어요."

아버지는 흥선 대원군 이하응이고 부인은 명성황후 민씨이다. 1863년 철종의 뒤를 이어 왕이 되었는데, 당시는 안동 김씨가 세도 정치를 펴며 나라를 마음대로 하던 때였다. 이를 막고자 왕실의 최고 어른인 조대비와 고종의 아버지 이하응이 짜고 고종을 왕으로 지목해 즉위시켰다.

12세의 어린 나이에 왕이 된 고종을 대신해서 아버지인 흥선 대원군이 나라를 다스렸다. 고종이 나이가 들자 통치권을 두고 아버지와 갈등이 생기게 되었는데, 왕비 민씨와 대신들이 나서 고종의 친정을 주장했다. 결국 1873년 고종은 직접 통치를 한다는 명을 내려 통치권을 찾았다. 고종이 왕권을 되찾은 후에는 민씨 일족이 정권을 잡게 되었다. 외국과의 통상을 막는 쇄국 정책을 폈던 흥선 대원군과는 달리 외국에 사절을 보내고 통상을 허용했는데, 이는 개화파와 수구파의 대립을 가져오게 되었다.

민씨 일족의 부정부패로 나라가 어지러운 가운데 1882년 구식 군대의 반란인 임오군란이 일어났다. 이어 1884년에는 갑신정변이 일어났는데, 김옥균을 비롯한 개화파들이 혁명을 일으켜 수구파 대신들을 죽이고 정권을 잡은 사건이었다. 일본의 지원으로 일어난 사건이었지만 며칠만에 진압되고 이를 기회로 청 군대와 일본 군대가 조선으로 들어오게 되었다.

일본의 침략이 본격화되자 고종은 러시아와 손을 잡고 일본을 견제하려고 했다. 이에 일본은 1895년 궁으로 자객들을 보내 반일 정책에 앞장서던 왕비 민씨를 살해했다. 이를 을미사변이라고 부른다. 이후 1896년 러시아 공사관으로 피신했던 고종은 1897년 다시 궁으로 돌아와 대한제국의 수립을 선포하고 황제가 되었다.

전봉준(1855~1895년)

 "동학농민운동을 이끈 지도자로 녹두장군이라 불러요."

　정읍 출신으로 아버지는 군수 조병갑의 횡포에 저항하다가 곤장을 맞고 죽었다. 작은 땅에 농사를 지으며 아이들에게 글을 가르치는 훈장이기도 했던 전봉준은 1890년 동학에 들어가 2대 교주 최시형으로부터 정읍 지방의 접주로 임명되었다. 당시 조병갑은 1892년 고부 군수로 부임한 이래 여러 가지 명목으로 세금을 거둬 농민들의 원망을 사고 있었다. 그러다가 저수지인 만석보를 정비하는 공사를 하면서 또 다시 과도한 세금을 거두려 해 농민들이 대표를 뽑아 군수에게 항의했는데, 그때 대표가 전봉준이었다. 하지만 조병갑이 받아들이지 않자, 1894년 1월 10일 1000여 명의 동학 농민들을 이끌고 봉기했다.
　조정에서는 이 사건을 조사하고 수습하는 안핵사로 이용태를 보냈는데 이용태가 농민들에게 책임을 전가하고 농민들을 처벌하자 3월 하순에 각지의 동학교도들을 모았다. 이후 전국의 동학교도들에게 봉기문을 돌려 동학 농민 운동은 전국적으로 번지게 되었다.
　1894년 4월 부안을 점령하고 황토현에서 관군을 대파하고 전주성을 점령한 동학군은 조정과 협상하여 정부가 동학군의 개혁안을 수락하기로 하고 전주성에서 화의를 맺었다. 그 후 전라도 각 지역은 동학의 집강소가 생겨 행정 관청의 구실을 했다.
　일본이 청일 전쟁에서 승리한 뒤 조선 침략을 노골화하자 동학군은 항일구국의 구호로 다시 봉기했다. 남쪽에서는 전봉준이 군대 10만여 명을 이끌고, 북에서는 손병희가 10만여 명을 이끌고 논산에 모였다.
　전봉준은 공주를 공격했으나 우금치 전투에서 패해 물러나고 다른 동학군들도 현대식 무기를 갖춘 일본군과 관군에게 져서 진압되었다. 전봉준은 피신하던 중 부하의 밀고로 체포되어 교수형에 처해졌다.

지석영(1855~1935년)

 "천연두를 예방하는 종두법을 도입했어요."

　서울 출생으로 의학 교육을 받은 적은 없지만 서양 의학책으로 공부를 많이 했다. 지석영이 관심을 가진 것은 천연두를 예방하는 종두법이었다. 천연두는 그때까지 많은 사람을 죽게 만든 전염병으로 치료할 방법을 몰랐다. 영국 의사 제너가 종두법을 발견했는데 조선에는 소개되지 않았다.

　지석영은 스승인 박영선이 일본에 사신으로 가게 되자 종두법에 대한 자료를 가져다 줄 것을 부탁했다. 박영선은 일본에서 우두법을 배우고 책을 가져다주었다. 1879년 일본인이 세운 부산의 제생의원에서 우두법의 종균과 주사를 얻은 지석영은 서울로 오는 길에 충주에서 40여 명에게 우두를 놓아 주었다.

　1880년에는 일본에 사신으로 가는 김홍집을 따라가 종두법을 배우고 종균을 얻어 귀국했다. 1883년에는 과거에 급제하여 관직에 오른 뒤 1885년 종두법에 대한《우두신설》이라는 책을 지었다. 1899년 의학교가 설치되자 초대 교장이 되었고, 신문에 각종 전염병을 소개하고 예방법을 만들어야 한다고 주장했다. 1890년대 후반에는 독립협회의 회원으로도 활약했다.

　또한 지석영은 개화가 늦어지는 것은 어려운 한문 때문이라 생각하고 사람들에게 한글을 쓸 것을 주장한 한글 교육의 선구자이기도 했다. 1908년 국문연구소 위원이 되었고, 한글로 한자를 해석한《자전석요》를 지었다.

이완용(1858~1926년)

 "친일 매국노로 일본이 조선을 합병하는 데 앞장섰어요."

경기도 광주 출신으로 1882년 과거에 급제해 벼슬길에 올랐다. 1886년 육영 공원에서 영어와 신학문을 배웠으며, 미국에도 여러 번 다녀와 처음에는 친미파로 알려졌다. 독립협회의 회원으로도 활동했으나 외국에 각종 이권을 넘겨주었다는 이유로 제명되었다.

1905년 학부대신으로 있으면서 일본 특파 대사 이토 히로부미로부터 을사조약 체결에 협조하라는 제의를 받았다. 결국 일본군이 무력 시위를 하는 중에 어전 회의를 열고 고종을 협박하여 조약을 체결하게 함으로써 나라를 팔아먹은 을사 5적 중 한 사람이 되었다.

이완용은 을사조약 체결에 앞장선 공을 인정받아 의정대신임시서리 및 외부대신서리까지 겸했고 내각총리대신이 되었다. 또한 1907년 이토 히로부미의 사주를 받아 고종의 퇴위를 강요했다. 그리고 순종이 즉위한 뒤, 정미7조약 체결에 관여하여 내정권을 박탈당하게 함으로써 정미7적이 되었다.

이후 일본 정부로부터 훈장을 받은 이완용은 1910년 8월 22일 어전 회의를 열어 일본과의 합병안을 통과시키는 동시에 한국 대표로 합병 조약을 체결했다. 그리고 같은 달 29일 결국 나라를 일제에게 넘겨주고 말았다. 조약 체결 뒤 공식적으로는 백작의 작위와 퇴직금을 받았다.

일제 강점기에도 조선총독부 중추원고문을 역임하면서 친일에 앞장섰다. 1919년 3·1 운동 때는 독립 투쟁을 비난하며 3차에 걸쳐 경고문을 발표했다. 이듬해 후작이 되고, 각종 직위를 받아 살다가 1926년에 죽었다.

손병희(1861~1922년)

 "동학(천도교) 3대 교주로 3·1 운동을 주도한 33인의 대표예요."

충청북도 청원 출신으로 방정환이 사위이다. 어려서부터 어려운 사람이 있으면 그냥 지나치지 못하고 도와줬다고 한다. 22세 때 동학에 입도했는데 3년 만에 2대 교주 최시형을 만났다. 1892년 최제우의 신원을 회복하는 시위 운동에 나서 활약했다. 동학농민운동 당시 전봉준이 남쪽의 책임자였고, 손병희가 북쪽의 책임자였다. 공주 우금치 전투에서 패해 관군의 추격을 받았으나 함경도와 평안도 지방으로 피신해 포교를 했다.

최시형이 감옥에서 죽은 뒤 3대 교주가 되었다. 1901년에 일본으로 건너간 손병희는 국내의 교도들에게 진보회를 조직하게 했는데, 후에 30여만 명이 단발을 실천해서 세상을 놀라게 했다.

손병희는 1905년 동학을 천도교로 개명하고 인내천 사상을 내세웠다. 사람이 곧 하늘이니 세상을 바꾸려면 먼저 사람의 마음을 안정시켜야 한다고 주장했다. 또한 민족 해방을 위해서는 교육이 중요함을 깨닫고 여러 학교에 재정을 지원했다. 1919년 천도교 대표로 3·1 운동에 참가했으며, 2월 27일 천도교가 운영하는 인쇄소 보성사에서 독립선언문 2만 1000매를 인쇄했다.

손병희는 3월 1일 기념식을 거행한 뒤 일본 경찰에 스스로 걸어가 검거되었다. 이후 1920년 3년 형을 받고 복역하던 중 20개월 만에 병보석으로 풀려났다. 그때 이미 뇌출혈로 병이 깊어 의식을 회복하지 못했다고 한다.

박영효(1861~1939년)

 "개화파로 우리나라 국기를 제작했어요."

박영효는 12세의 나이에 철종의 딸인 영혜옹주와 결혼하여 부마가 되었다. 하지만 영혜옹주가 일찍 죽어 12세에 홀아비가 되었고, 부마라는 신분 때문에 정식 부인을 맞을 수도 없었다. 이런 와중에 박영효는 박규수의 집을 드나들면서 개화 사상을 배웠고, 김옥균 등과 개화당을 조직했다.

1882년 9월 임오군란의 사후 수습을 위해 일본으로 갔는데, 그때 배 위에서 태극기의 바탕이 되는 국기를 최초로 만들었다. 1883년에는 〈한성순보〉를 창간했으며, 일본의 지원을 약속받고 갑신정변을 일으켰으나 실패하고 일본으로 망명했다.

동경에 사립학교를 세워 유학생의 교육에도 힘썼고, 1894년 청일 전쟁에 승리한 일본의 도움으로 귀국했다. 박영효는 김홍집 내각에서 대신으로 개혁을 펼쳤는데, 일본 공사와 관계가 좋지 못해 힘을 얻지 못하고 역모 혐의를 받아 다시 일본으로 망명했다. 1907년 사면을 받고 궁내부 대신이 된 그는 고종의 양위를 막기 위해 노력했으나 실패했고, 이후 양위에 앞장선 대신들을 암살하려 했다는 혐의로 제주도로 유배되었다.

1910년 일본에 국권을 빼앗긴 이후 박영효는 일본으로부터 후작의 작위를 받았으며, 조선총독부의 중추원 고문이 되어 친일 행위를 했다. 1920년 동아일보 초대 사장이 되었다가 1939년에 죽었다.

서재필(1864~1951년)

 "독립운동가로 〈독립신문〉을 창간하고 독립협회를 만들었어요."

보성 출신으로 서울로 올라와 한학을 공부하여 1882년 과거에 합격했다. 새로운 문물에 관심이 많아 신식 군대를 배우기 위해 1883년 일본의 도야마육군학교에서 공부했다. 조선으로 돌아와 조련국을 만들고 사단장이 되었으며, 1884년 갑신정변에 참가했다가 실패하고 일본으로 망명했다.

미국에서 대학을 다닌 서재필은 미국으로 귀화하여 미국식 이름을 가졌다. 컬럼비아 의과대학 야간부를 2등으로 졸업하여 병리학 강사가 된 이후 미국 철도 우편 사업의 창설자 암스트롱의 딸과 결혼을 했다.

조선에서는 갑오개혁을 단행하면서 갑신정변을 일으킨 사람들을 사면해 주었다. 그래서 서재필도 1895년에 귀국했고, 1896년 중추원 고문에 임명되었다. 국민 계몽을 위해 언론의 필요성을 느낀 서재필은 정부로부터 재정 지원을 받아 1896년 〈독립신문〉을 창간했다. 이 신문은 최초로 발간된 민간 신문으로 순 한글로 간행되었다. 이어 같은 해에 독립협회를 만들어 고문이 되었다.

그의 이러한 활동은 일본과 수구파들의 경계심을 불러일으켰고 결국 미국으로 추방되었다. 하지만 서재필은 1919년 3·1 운동이 일어나자 전 재산을 독립운동 자금으로 내놓고 독립운동을 했다. 또한 상해 임시 정부의 구미위원회 위원장이 되어 미국에 사무실을 설치하고 외교 활동을 했다.

서재필은 1945년 8월 15일 광복이 되고 9월부터 미군정이 실시되자, 1947년 미군정청 최고정무관이 되어 귀국했다. 1948년 8월 15일 대한민국 정부 수립이 선포되고 미군정이 종식되자 다시 미국으로 돌아가 그곳에서 죽었다.

홍범도(1868~1943년)

 "독립군 사령관으로 봉오동 전투와 청산리 전투를 승리로 이끌었어요."

평안북도 양덕 출신으로 1907년 일제가 포수들의 총을 압수하려고 하자 이에 반발하여 포수들을 모아 의병을 조직했다. 이후 북쪽 국경 지역에서 일본군 수비대를 상대로 유격전을 폈다. 1910년에 간도로 건너가 독립군 양성에 노력하다가 대한 독립군 총사령관이 되었다.

200여 명의 부하를 거느리고 두만강을 건너 일본군과 싸웠는데 일본에 많은 피해를 입혔다. 1920년 종성 부근에서 일본군 120명을 사살했고, 두만강 대안의 봉오동에서 일본군 부대를 전멸시켰는데, 이를 봉오동 전투라 부른다. 일본군은 독립군의 매복에 걸려 157명의 전사자와 200여 명의 부상자를 냈다.

이에 대한 보복으로 대부대를 투입한 일본군을 맞아 김좌진의 군과 연합해 청산리에서도 승리했다. 이후 흑룡강 자유시에 주둔했으나 러시아 공산당의 배반으로 많은 대원들이 죽거나 체포되었다. 결국 1937년 9월 스탈린에 의한 한인 강제 이주 정책에 따라 중앙아시아의 카자흐스탄으로 이주해 생활하다 1943년에 죽었다.

주시경(1876~1914년)

 "일제의 탄압에 맞서 한글을 지킨 한글 학자예요."

　황해도 봉산 출생이지만 양아버지를 따라 서울로 왔다. 주시경은 서당에서 한문을 배우던 중 왜 쉽게 쓸 수 있는 우리말을 두고 아이들이 알아듣지도 못하는 어려운 한문을 배우는 것인지 생각하면서 한글 연구를 결심하게 되었다. 이후 1894년 배재학당에서 공부하면서 우리말의 중요성을 더욱 깨닫게 되었다. 1896년 〈독립신문〉을 창간한 서재필과 뜻을 같이 하며 〈독립신문〉의 사원이 되었고, 한글 보급과 한글 연구를 위해 '국문동식회'를 조직했다. 이는 훗날 '조선어연구회'와 '조선어학회'까지 계승되어 한글 보급에 커다란 역할을 했다.

　이후 독립협회와 만민공동회에서도 활동을 했으며 지도자에 대한 체포가 시작되어 시골로 내려가 있는 동안에도 한글 연구를 계속하여 《국어 문법》을 완성했다. 또한 주시경은 청소년들이 있는 곳이면 어디든지 마다하지 않고 찾아다니며 우리말과 글, 역사와 지리 등을 교육하여 민족 정체성과 자주 독립정신을 일깨워 주었다고 한다. 그래서 이때 '주보따리'라는 별명도 얻었다. 이렇게 자신의 몸을 돌보지 않고 한글 연구에만 매달리던 주시경은 38세의 젊은 나이에 세상을 떠났다.

김구(1876~1949년)

 "독립운동가로 상해 임시 정부의 주석을 지냈어요."

황해도 해주 출신으로 9세 때 한글과 한문을 배웠다. 17세에 과거를 치렀으나 합격하지 못했고, 19세에는 동학에 들어가 해주성을 공격할 때 선봉장이 되기도 했다. 1896년 일본군 중위를 죽여 체포되어 다음 해에 사형을 언도받았다. 사형 집행 직전 고종 황제의 특사로 집행이 중지되었으나, 석방이 되지 않아 이듬해 봄에 탈옥했다. 수사를 피해 공주 마곡사에서 승려가 되어 평양 주변의 영천암 주지가 되었다가 환속했다. 피신 중에도 장연에서 학교를 설립했으며, 20대 후반에는 기독교로 개종하여 청년회에서 일했다.

비밀 단체 신민회 회원으로 독립운동을 하다가 안중근 사건에 연루되어 해주 감옥에 갇혔다가 풀려났다. 1911년 1월 데라우치 총독 암살 모의 혐의로 체포되어 17년 형을 선고받았다가 감형되어 1914년 감옥을 나왔다. 1919년 3·1 운동 이후에는 상해로 망명하여 임시 정부의 경무국장이 되었고, 1926년에는 국무령이 되었다.

1931년 한인애국단을 조직해서 항일 투쟁에 나섰는데, 1932년 이봉창의 천황 암살 미수 사건과 윤봉길의 폭탄 투척 사건을 지휘해 크게 이름을 떨쳤다. 1933년 장개석을 만나 한·중 양국의 우의를 돈독히 하고 중국 낙양 군관 학교를 광복군 양성소로 사용하도록 했다. 1939년에는 임시 정부 주석에 취임했다.

1940년 중경에서 광복군을 조직하고 1941년 대한민국 임시 정부의 이름으로 일본에 선전 포고를 했다. 중국군, 미군과 함께 작전을 준비하다가 1945년 일본이 항복하면서 귀국했다. 미국의 신탁 통치에 반대한 김구는 완전한 독립을 위해 노력했고, 북한으로 가 김일성과 회담하며 남북 통일을 위해서도 애썼다. 1949년 6월 육군 소위 안두희에게 자택에서 암살당했다.

안창호(1878~1938년)

 "독립운동가로 민족 혁신은 교육을 통해 가능하다고 믿었어요."

　평안남도 강서 출신으로 어려서부터 한학을 공부했다. 1985년 언더우드가 만든 구세학당에 입학해 이곳에서 3년간 공부하며 기독교인이 되었다. 1897년 독립협회에 가입하여 평양에서 관서 지부 조직을 맡게 되었는데 결성식에서 평양 감사와 많은 사람들이 모인 가운데 정부와 관리를 비판하고 백성의 각성을 외치는 연설을 해 유명해졌다.

　1898년 서울에서 이상재, 윤치호, 이승만 등과 만민공동회를 개최하였으며, 1899년에는 강서 지방 최초의 근대 학교인 점진학교를 설립했다. 1900년에 미국으로 건너가 샌프란시스코에서 대한인공립협회를 설립했고, 여기에서 야학을 개설하여 회원들을 교육시키고 〈공립신보〉를 발행했다.

　1905년 을사조약 체결 소식을 듣고 다음 해에 귀국한 안창호는 양기탁, 신채호 등과 신민회를 조직하고 〈대한매일신보〉를 발행하며 민중 계몽 운동을 했다. 안중근 의거 이후 중국으로 망명했다가 다시 미국으로 갔으며, 1913년 흥사단을 조직했다. 1919년에는 상해 임시 정부에서 총리 대리직을 맡았다. 1932년 윤봉길 의사 의거 후 일본 경찰에 잡혀 서울로 압송되었고, 2년 6개월을 복역한 뒤 풀려났다가 동우회 사건으로 다시 갇혔다. 이후 심해진 병 때문에 풀려난 뒤 요양 중 1938년에 죽었다.

한용운(1879~1944년)

 "독립운동가이자 시인으로 《님의 침묵》을 썼어요."

충청남도 홍성 출신으로 어려서 한학을 공부했다. 14세에 결혼했지만 세상을 떠돌아다니다가 1896년 설악산 오세암에서 승려가 되었고, 이후 시베리아와 만주를 여행했다.

1905년 설악산 백담사에서 스승을 모시고 정식으로 승려가 되었다. 불경을 우리말로 옮기는 작업을 하던 한용운은 1910년에 불교의 개혁을 주장하는 《조선불교유신론》을 저술했다. 1910년 한일 병합이 되면서 중국으로 건너간 그는 1918년 월간 불교 잡지 《유심》을 간행했다.

1919년 3·1 운동 때 불교계를 대표하여 참여했고, 독립선언문의 공약 3장을 썼다. 이로 인해 3년간 옥살이를 했고, 교도소에서 나온 뒤에도 독립운동을 계속했다. 1926년 시집 《님의 침묵》을 발간했는데, 이 시집은 독립에 대한 염원을 담은 명작으로 평가된다.

일본의 침략 이후 불교계는 친일적인 불교 종파가 성행했는데 한용운은 그런 세력에 대항했다. 1914년 친일적 경향의 원종에 대항하여 조선 불교 청년 동맹을 결성했고, 불경의 한글화 작업을 위해 노력했다. 또한 대중 불교의 확산과 해외 포교에도 관심을 기울여 미국·중국 등지에 해외 법당을 세워야 한다고 주장했다. 1944년 심우장에서 입적했으며, 전통 불교 장례 의식에 따라 화장을 했다.

안중근(1879~1910년)

 "독립운동가로 일본의 정치가 이토 히로부미를 암살했어요."

황해도 신천군 출신으로 아버지가 만든 서당에서 공부했던 안중근은 화승총으로 사냥을 자주 나갔던 명사수였다. 17세에 천주교 신자가 되었고, 1904년 상해로 갔다가 조국에서 교육을 하라는 충고를 받고 귀국해 삼흥 학교, 돈의 학교 등을 운영했다.

1907년 다시 중국으로 갔다가 블리디보스토크에서 의병군을 조직했으며, 대한의군 참모중장이 되었다. 1908년 함경북도 몇 군데에서 일본군을 공격하여 승리했지만 회령에서 5000여 명의 일본군과 싸워 패했다. 1909년 러시아의 노브키에프스크에서 단지동맹이라는 비밀 결사를 조직했다. 이들은 손가락을 잘라 독립운동에 매진할 것을 맹세하고 친일파와 일본의 요인들을 암살하기로 했다. 만약 3년 내에 뜻을 이루지 못하면 자살할 것을 맹세했다고 한다.

안중군은 조선 침략의 원흉인 이토 히로부미의 암살을 맡았다. 1909년 이토 히로부미가 러시아와 회담하기 위해 하얼빈으로 온다는 것을 안 안중근은 거사를 준비했다. 1909년 10월 26일, 이토 히로부미가 역으로 나왔을 때. 안중군은 권총을 세 발 쏘아 명중시켜 이토 히로부미를 죽였다.

러시아의 심문을 받자 안중근은 조국을 침략한 이토 히로부미를 대한의용군의 자격으로 총살한 것이라 밝혔다. 일본에 인계되어 여섯 차례의 재판을 받는 동안 안중근의 변호를 위해 모금 운동까지 했지만 일본이 허가하지 않았다. 하지만 안중근이 재판에서 자신의 소신을 논리 정연하게 말해 일본인들도 감탄했다고 한다.

일본 관선 변호사는 그의 행위는 조국을 사랑하는 마음에서 나온 것이라고 인정했다. 1910년 2월 14일 일본은 사형을 언도했다. 죽음을 며칠 앞두고 면회 온 두 아우에게 안중근은 내 시체를 우리나라가 독립하기 전에는 조국으로 보내지 말라고 했다.

　3월 26일 오전 10시, 안중근은 여순 감옥의 형장에서 순국했다. 나라는 해방되었으나 아직 그의 무덤은 찾지 못하고 있다.

김좌진(1889~1930년)

"독립군을 이끌고 청산리 전투에서 일본군을 물리쳤어요."

충청남도 홍성 출신으로 어려서 집안이 부유했다고 한다. 글공부 보다는 무술에 관심이 많아 1907년 서울의 무관학교를 졸업했다. 졸업 후 홍성으로 내려와 학교를 설립했으며, 1910년 나라를 잃자 대한광복회에 가입해 군자금을 모으러 다니다 잡혀 2년 반 동안 서대문형무소에서 복역했다.

감옥에서 나온 후 김좌진은 만주로 건너가 1919년 독립군인 북로군정서의 사령관이 되었다. 이 부대는 대종교의 신도들이 중심이었다. 1920년 홍범도의 대한독립군, 안무의 국민회군 등 독립군 연합에 합류했다. 이후 김좌진은 1,100여 명에 이르는 부대를 이끌고 청산리에 주둔했다. 일본군은 청산리에 독립군이 있다는 정보를 접하고 2만여 명이 넘는 토벌대를 보냈다. 김좌진은 일본군이 추격하는 것을 알고 고지대에 병사들을 매복시켰다. 이곳에서 200명 이상의 일본군을 사살하고 다른 부대와 합세해 여러 곳에서 일본군을 무찔렀다. 이를 청산리 전투라고 한다.

이후 독립군은 러시아군의 공격으로 약해졌고 김좌진은 신민부를 만들어 독립운동에 나섰다. 하지만 좌우의 대립으로 내부에 분열이 생겨 공산주의자의 사주를 받은 박상실에게 암살당했다.

이광수(1892~1950년)

 "소설가로 이름을 떨쳤으나 친일파로 비난을 받았어요."

평안북도 정주 출신으로 5세에 한글과 천자문을 깨우쳤다고 한다. 8세에는 한학을 공부하고 한시 백일장에서 장원을 해 천재라고 소문이 났다. 11세에 콜레라로 부모를 잃은 이광수는 동학에 입도하여 1905년에 일진회의 유학생으로 선발되어 일본으로 갔다. 홍명희 등과 공부하면서 소년회를 조직하고 《소년》을 발행하면서 시·소설 등을 쓰기 시작했다.

1917년 〈매일신보〉에 장편 〈무정〉을 연재했으며, 1918년에는 단행본으로도 간행되었다. 〈무정〉은 근대 문학 사상 최초의 장편소설로 이광수의 작가적 명성을 굳히게 한 작품이다. 또한 연애 문제, 새로운 결혼관 등을 통하여 문명 개화를 주장한 작품으로 평가된다.

상해에서 안창호를 만난 이광수는 〈독립신문〉의 사장 겸 편집국장으로 일했다. 1921년 상해를 떠나 귀국하여 일본 경찰에 체포되었으나 곧 불기소 처분으로 풀려나 변절자라는 의심을 받았다. 이후 〈민족개조론〉을 발표했는데, 이는 이광수가 독립 정신을 망각한 것이라고 하여 독립 진영의 비난을 받았다. 또 1923년에 발표한 〈민족적 경륜〉에서는 나라 잃은 원인이 국민성 때문이라 하고, 일제하에서의 자치권을 추구하는 글을 써 이 역시 비난을 받았다.

이광수는 〈동아일보〉에 〈허생전〉, 〈재생〉(1924), 〈마의태자〉(1927), 〈단종애사〉(1928), 〈혁명가의 아내〉(1930), 〈이순신〉(1931), 〈흙〉(1932) 등을 연재했으며, 1940년 창씨개명 이후 일제를 찬양하는 글을 잇달아 발표했다. 광복 후 친일파로 비난을 받았고, 6·25 전쟁 때 북한에 납치되어 생사를 알 수 없게 되었다.

전형필(1906~1962년)

 "해외로 반출되는 문화재를 보호하여 민족정기를 지켰어요."

　서울 출신으로 종로의 상권을 장악한 대부호였다. 휘문고등보통학교를 거쳐 일본 와세다대학 법과를 졸업했다. 일제의 식민 통치에 대항하여 우리 문화를 지키는 일은 문화재를 보호하는 것이라 생각하고 문화재를 수집했다.

　1934년 물려받은 막대한 재산으로 성북동에 우리나라 최초의 사립박물관인 보화각을 세웠다. 문화재 수집에 힘을 기울여 김정희, 정선의 작품들을 모았고 김홍도, 심사정, 장승업 등 화가들의 작품과 도자기, 불상 등을 수집했다.

　1940년부터는 한남서림을 후원하여 1만여 권의 장서와 각종 자료들을 수집했다. 또한 동성학원을 설립하고 보성고등학교를 인수하여 운영했다. 보화각은 지금의 간송미술관이 되었다.

윤봉길(1908~1932년)

 **"독립운동가로 상해 홍구 공원에서 폭탄을 던져 일본의 요인들을 죽였어요."**

　1918년 덕산보통학교에 입학했으나 다음 해에 3·1 운동이 일어나자 일제 교육을 거부하고 학교를 자퇴했다. 이후 한학을 공부했으며 야학을 통해 청소년을 가르치고 《농민독본》을 썼다.

　1931년 임시 정부가 있는 상해로 간 윤봉길은 임시 정부 주석 김구를 찾아가 독립운동에 참여하겠다고 말했다. 1932년 일본은 중국과의 전투에서 승리한 후 전승 축하 기념식을 성대하게 치르기로 했다. 이 소식을 들은 윤봉길은 이때 거사를 하기로 했다.

　4월 29일 홍구 공원에서 벌어진 전승식에서 윤봉길이 단상에 폭탄을 던져 일본군 사령관 시라카와 일본 거류민 단장 가와바다가 죽고, 여러 명의 일본군 장군들이 중상을 입었다. 윤봉길은 거사 직후 현장에서 잡혀 사형을 선고 받았고, 일본으로 끌려가 12월 19일 순국했다.

　상하이 의거는 침체 상태에 있던 임시 정부의 사기를 회복시켰으며, 한중 연합 항일 운동 전선을 구축하는 계기가 되었다. 한국인을 일본인의 앞잡이로 취급하던 중국 인사들이 이 사건을 계기로 독립운동가들을 돕기 시작했고, 장제스가 김구와 영수회담을 갖고 군사 교육에 관한 지원을 협약하기도 했다. 장제스는 "중국의 100만 대군이 해내지 못한 일을 윤봉길 의사 혼자의 힘으로 이루어 놓았다."며 극찬을 했다.

찾아보기

ㄱ

강감찬 62
강수 47
거칠부 39
견훤 53
경순왕 52
계백 30
고선지 23
고이왕 25
고종 160
공민왕 78
곽재우 127
광개토왕 17
광종 59
광해군 132
궁예 54
권율 117
근초고왕 26
김구 169
김대건 155
김부식 71
김수로 32
김시민 128
김시습 102
김알지 35
김옥균 158
김유신 42
김인문 43
김정호 153
김정희 152
김종서 96
김좌진 174
김천일 116
김춘추 41
김홍도 148
김홍집 157

ㄴ

논개 129

ㄷ

단군 10
대조영 55

ㄹ

류성룡 120

ㅁ

명성황후 159
묘청 70
무왕 28
문무왕 45
문익점 77
문종 67

ㅂ

박영효 165
박제가 150
박지원 149
박혁거세 33
보장왕 20

ㅅ

사도세자 145
서거정 101
서재필 166
서희 61
석탈해 34
선덕여왕 40
선조 126
성삼문 100
성왕 27
성종(조선) 103
성종(고려) 63
세조 99
세종 94
소서노 24
소수림왕 16
소현세자 136
손병희 164
숙종 140
신돈 79
신사임당 112
쌍기 60

ㅇ

안중근 172
안창호 170
안향 75
연개소문 22
연산군 107
영양왕 19
영조 142
왕건 58
원균 119
원효 46
유리왕 13
유자광 106
유정 124
유화부인 11
윤봉길 177
윤선도 133
윤원형 110
을지문덕 21
을파소 15
의상 48
의자왕 29
의천 68
이광수 175
이규보 72
이방원 92
이성계 88
이순신 122
이승휴 74
이안용 163
이원익 125
이이 114
이익 144
이자겸 69
이제현 76
이종무 90
이차돈 38
이항복 130
이황 111
인조 135
일연 73
임경업 134

ㅈ

자장 44
장보고 50
장수왕 18
장영실 97
전봉준 161
전형필 176
정도전 81
정몽주 82
정선 141
정약용 151
정조 147
정철 115
조광조 108
조준 85
조헌 121
주몽 12

주시경 168
중종 109
지석영 162
지증왕 36
진흥왕 37

ㅊ

천추태후 64
최무선 84
최영 80
최제우 156
최충 65
최치원 51

ㅎ

한명회 98
한용운 171
해명태자 14
허균 131
허준 118
현종 66
혜경궁 홍씨 146
혜초 49
홍범도 167
황희 91
효종 137
휴정 113
흑치상지 31
흥선 대원군 154